Nicole Roth-Sonnen · Gunter Stein · Astrid Stengel

Knobel-Aufgaben für die 7. und 8. Klasse

[Eins plus]

Herausgegeben von
Bettina Mähler und Michael Meyer

Bettina Mähler, Journalistin, Buchautorin, ist Erziehungsberaterin an der *Elternakademie am Burckhardthaus Gelnhausen e. V.* sowie Institutsleiterin des *Zentrums für Mathematik und Literatur Gelnhausen*.

Michael Meyer ist Geschäftsführer des Trägervereins *Zentrum für Mathematik e. V.* in Bensheim und dort Leiter des Fachseminars Mathematik am *Studienseminar für Gymnasien*.

[Eins plus]

Begabungen fördern
im Mathematikunterricht

Nicole Roth-Sonnen,
Gunter Stein, Astrid Stengel

Knobel-Aufgaben für die 7. und 8. Klasse

Cornelsen
SCRIPTOR

www.cornelsen.de

Bibliografische Information: Die Deutsche Bibliothek verzeichnet diese Publikation in der Deutschen Nationalbibliografie; detaillierte bibliografische Daten sind im Internet über http://dnb.ddb.de abrufbar.

Dieses Werk berücksichtigt die Regeln der reformierten Rechtschreibung und Zeichensetzung.

6.	5.	4.	3.	2.	Die letzten Ziffern bezeichnen
12	11	10	09	08	Zahl und Jahr der Auflage.

Redaktion: Daniela Brunner, Düsseldorf
Herstellung: Brigitte Bredow, Berlin
Reihengestaltung und Layout: FROMM MediaDesign GmbH, Selters/Ts.
Illustrationen: Amelie Glienke, Berlin
Umschlagentwurf: Magdalene Krumbeck, Wuppertal
Druck und Bindearbeiten: CPI – Clausen & Bosse, Leck
Printed in Germany
ISBN 978-3-589-22031-1

Gedruckt auf säurefreiem Papier,
umweltschonend hergestellt aus chlorfrei gebleichten Faserstoffen.

Inhaltsverzeichnis

Vorwort

„Ich weiß ja, dass Tanja und Oliver sich im Unterricht langweilen", meint *die Klassenlehrerin zu ihrer Kollegin. „Aber was soll ich mit ihnen machen?"*

Begabung und Hochbegabung sind keine Tabuthemen mehr. Glücklicherweise. Allerorten gibt es in diesem Bereich Neuerungen. Seit 1997 erlassen die Bundesländer auf Empfehlung der Kultusministerkonferenz Gesetze und Verordnungen zur Förderung von begabten und hochbegabten Schülerinnen und Schülern. Gleichzeitig wurden Fortbildungsreihen für Lehrerinnen und Lehrer ins Leben gerufen und das Thema Hochbegabung in den Ausbildungsplänen einiger Studienseminare und Hochschulen berücksichtigt.

Parallel dazu entstanden private Beratungsstellen, Initiativen und Institutionen zur Förderung dieser Kinder und Jugendlichen. Eine davon ist der Trägerverein Zentrum für Mathematik e. V. in Bensheim. 1998 gegründet, umfasst der Verein heute über 100 Mitglieder, die sich die Förderung der Mathematik und der Naturwissenschaften zur Aufgabe gemacht haben. Seit 2002 werden im Zentrum für Literatur des Trägervereins begabte Schülerinnen und Schüler auch sprachlich gefördert. Alle Kurse werden jährlich in drei Staffeln angeboten, und zwar in Instituten, die es zurzeit in Bensheim, Fulda, Gelnhausen, Heilbronn und Wetzlar gibt. Eine Staffel eines Förderprojektes umfasst in der Regel fünf Termine, die an einem Samstag oder Nachmittag liegen und zwei bis vier Stunden dauern.

Die Erfahrungen, die in den Förderprojekten des Trägervereins gesammelt wurden, können dem Unterricht an staatlichen Schulen zugute kommen. Denn nicht selten steht eine Lehrerin oder ein Lehrer vor einer Klasse, wohl wissend, dass darin ein, zwei oder drei besonders begabte Kinder oder Jugendliche sitzen. Und diese sind nach fünf Minuten mit den Aufgaben fertig, für die die anderen die ganze Schulstunde brauchen. Oder sie langweilen sich, weil die Lehrerin oder der Lehrer ihnen – um die anderen nicht zu überfordern – nicht genug Anspruchsvolles bieten kann. Da mag es durchaus passieren, dass diese Kinder und Jugendlichen anfangen zu träumen – oder zu stören.

Für diese Situation ist die Buchreihe „Eins plus" konzipiert. Sie gibt die langjährigen Erfahrungen aus Projekten des Trägervereins Zentrum für Mathematik e. V. weiter. Sie enthält Aufgaben, mit denen besonders begabte und interessierte Schülerinnen und Schüler gefesselt werden können, vor allem dann,

- wenn sie wieder einmal als erste ihr Aufgabenblatt abgegeben haben
- oder wenn sie als „Bonbon" eine besonders schwierige Aufgabe (vielleicht mit einer Mitschülerin oder einem Mitschüler) bekommen sollen

und vor allem deswegen,

- weil sie eine Extra-Hausaufgabe wünschen (und vielleicht von der regulären befreit werden)
- oder weil die ganze Klasse einmal etwas anderes machen will als im Lehrplan steht.

Wir wünschen Ihnen viel Vergnügen.

Die Herausgeber

Bettina Mähler Michael Meyer

Einleitung

Für die außerschulische Förderung von mathematisch begabten und interessierten Jugendlichen gibt es eine Vielzahl von Initiativen und Einrichtungen. Eine davon ist die so genannte Samstagsakademie, ein Bereich des Trägervereins Zentrum für Mathematik e. V., dessen Zweck die Förderung der mathematischen Bildung ist.

In der Samstagsakademie (Abkürzung: SAMAKA) werden seit 1999 an verschiedenen Standorten vor allem in Hessen mehrmals im Jahr an fünf aufeinander folgenden Samstagen für jeweils vier Stunden Schülerinnen und Schüler der Jahrgangsstufen 7 bis 13 mit mathematischen Themen vertraut gemacht. Es wird versucht, Strategien nachhaltiger Talentförderung zu entwickeln, indem die Teilnehmerinnen und Teilnehmer zu weitgehend selbstständigem Lernen angeregt werden.

Der vorliegende Band enthält einige der Themenkreise, die sich in der SAMAKA vor allem für Teilnehmerinnen und Teilnehmer der Klassen 7 und 8 bewährt haben. Sie sollen helfen, begabte Schülerinnen und Schüler mit anspruchsvollem Aufgabenmaterial zu fördern. Dieser Band enthält folgende Themen:

Zahlenfolgen (Gunter Stein)
Die Entdeckung von Gesetzmäßigkeiten bei Zahlenfolgen erfordert Fähigkeiten, die häufig auch bei Intelligenz- und Kreativitätstests abgefragt werden. Da die Aufgaben meist einfach formuliert sind und die Lösungen keine speziellen mathematischen Vorkenntnisse erfordern, gehören Zahlenfolgen zu den beliebtesten Gebieten der Schülerinnen und Schüler.

Geometrische Beweise (Astrid Stengel)
Mathematisch begabte Schülerinnen und Schüler verfügen meist über gute rechnerische Fähigkeiten und algebraische Kenntnisse. Ein besonderer Schwerpunkt sollte in den Klassen 7 und 8 auf der Geometrie liegen. Aus den Themenkreisen der SAMAKA wurden drei Gebiete ausgewählt: Berechnung von Strecken und Winkeln, geometrische Beweise mit Hilfe der abbildungsgeometrischen Methode und so genannte falsche Beweise, bei denen scheinbar folgerichtig offensichtlich Falsches gezeigt wird.

Zahlentheoretische Probleme (Nicole Roth-Sonnen)

Aufgaben zur Teilbarkeit oder Fragestellungen zu elementaren zahlentheoretischen Eigenschaften erfordern zur Lösung keine umfangreichen mathematischen Vorkenntnisse und sind daher auch für Siebt- und Achtklässler geeignet. Der Schwierigkeitsgrad kann durchaus das Niveau von Mathematikolympiaden erreichen, sodass mit den vorgestellten Problemen die ganz unterschiedlichen Lernvoraussetzungen der Schülerinnen und Schüler berücksichtigt werden können.

Funktionen und Punktmengen im Koordinatensystem (Astrid Stengel)

Wendet man auf den Graphen einfacher Funktionen geometrische Abbildungen wie Verschiebung, Spiegelung oder Streckung an, so erhält man Graphen von Funktionen, die so anspruchsvoll sind, dass man ihren Verlauf mit Hilfe von Wertetabellen nur schwer bestimmen könnte. Gleichungen und Ungleichungen in zwei Variablen, deren Lösungsmengen im Koordinatensystem dargestellt sind, eignen sich gut zur Vertiefung von Zusammenhängen zwischen Algebra und Geometrie.

Umfangswinkel und Sehnenvierecke (Nicole Roth-Sonnen)

Nachdem der Umfangswinkelsatz im Geometrieunterricht kein Pflichtstoff mehr ist, wird er in der SAMAKA mit einem sehr reichhaltigen Aufgabenmaterial ausführlich behandelt. Für die Teilnehmerinnen und Teilnehmer besonders reizvoll ist die Möglichkeit, Probleme zur Bestimmung von Ortskurven mit Hilfe von dynamischer Geometriesoftware zu untersuchen. Als Zusatzangebot für begabte Schülerinnen und Schüler sollten diese Aufgaben nicht fehlen.

I. Zahlenfolgen

Die Entdeckung von Gesetzmäßigkeiten bei Zahlenfolgen ist häufig Gegenstand von Wettbewerbsaufgaben. Da sowohl die Aufgabenstellung als auch die Lösungen für alle Teilnehmer (unabhängig von der jeweiligen Klassenstufe) zu verstehen sind, bilden Zahlenfolgen einen festen Bestandteil der Samaka.

Zur Vorbereitung dieses Themenkreises dient die Zahlenfolge 1, 1, 2, 3, 5, 8, 13, 21, … mit der rekursiven Darstellung: $a_1 = 1$, $a_2 = 1$, $a_{n+2} = a_{n+1} + a_n$ und der expliziten (geschlossenen) Form:

$$a_n = \frac{1}{\sqrt{5}}\left(\left(\frac{1+\sqrt{5}}{2}\right)^n - \left(\frac{1-\sqrt{5}}{2}\right)^n\right)$$

Diese nach Fibonacci benannten Zahlen haben viele wohl bekannte Eigenschaften (z. B. $a_n^2 - a_{n-1} \cdot a_{n+1} = \pm 1$ oder $a_1 + a_2 + a_3 + \ldots + a_n = a_{n+2} - 1$), deren Behandlung eine gute Vorbereitung auf die folgenden Aufgaben ist.

Aufgaben

1.

Welches ist das 100. Glied der Folge?

a) 1, 2, 2, 3, 3, 3, 4, 4, 4, 4, 5, 5, 5, 5, 5, 6, …

b) 1, 3, 3, 3, 5, 5, 5, 5, 5, 7, 7, 7, 7, 7, 7, 7, 9, …

c) 1, 2, 4, 5, 10, 11, 22, 23, 46, 47, …

d) 1, 3, 5, 2, 4, 6, 3, 5, 7, 4, 6, 8, 5, …

e) 2, 3, 5, 6, 7, 10, 11, 12, 13, 14, 15, 17, 18, 19, 20, 21, 22, 23, 24, 26, 28, …

f) 1, 3, 6, 10, 15, 21, 28, 36, …

2.

Gegeben sei die Folge:

a) $a_1 = \frac{1}{2}, a_2 = \frac{2}{3}(a_1 + 1), a_3 = \frac{3}{4}(a_2 + 1), a_4 = \frac{4}{5}(a_3 + 1), \ldots$
Gib a_n in expliziter Form an.

b) $a_1 = 1, a_{n+1} = 2a_n + 1$. Gib a_n in geschlossener Form an.

c) $a_1 = 3, a_{n+1} = 3a_n - 2$. Berechne a_2, a_3, a_4 und a_5.
Welche Vermutung ergibt sich für a_n?

d) $a_1 = -4, a_2 = 16, a_{n+1} = 4 \cdot a_{n-1}$. Finde a_n.

e) $a_1 = 3, a_2 = b, a_{n+1} = 2a_n + a_{n-1}$. Bestimme b, wenn $a_{10} = 8119$ ist.

f) $a_1 = 2, a_{n+1} = \frac{1}{2}(2a_n + 1)$. Bestimme a_{101}.

g) $a_1 = 1, a_2 = 2, a_{n+2} = \begin{cases} 5a_{n+1} - 3a_n, & \text{wenn } a_n \cdot a_{n+1} \text{ gerade} \\ a_{n+1} - a_n, & \text{wenn } a_n \cdot a_{n+1} \text{ ungerade} \end{cases}$
Berechne a_6.

h) $a_1 = 1, a_{n+1} = \frac{a_n}{a_n + 1}$. Gib a_n in expliziter Form an.

i) $a_1 = 1, a_2 = 1, a_{n+1} = \frac{a_{n-1} \cdot a_n}{a_{n-1} + a_n}$. Berechne a_{12}.

j) $a_1 = 1, a_{n+1} = a_n + \frac{1}{3}$. Berechne a_{2005}.

k) $a_1 = 2, a_{n+1} = a_n + 2 \cdot n$. Berechne a_{100}.

l) $a_1 = 1, a_{n+1} = \frac{a_n}{1 + n \cdot a_n}$. Berechne a_{2004}.

m) $a_1 = 1, a_2 = 3$ und $a_n^2 - a_{n-1} \cdot a_{n+1} = (-1)^{n+1}, n = 2, 3, 4, \ldots$
Berechne a_3 und a_4.

n) Sei p eine positive Zahl und $a_1 = p, a_{n+1} = \frac{-1}{a_n + 1}$. Für welche n gilt $a_n = p$?

o) Seien p und q positive Zahlen und $a_1 = p, a_2 = q, a_{n+1} = \frac{a_n + 1}{a_{n-1}}$.
Zeige, dass die Folge periodisch ist.

p) $a_1 = 1, a_2 = 1 + 2, a_3 = 1 + 2 + 2^2, \ldots, a_n = 1 + 2 + 2^2 + \ldots + 2^{n-1}$.
Berechne $a_1 + a_2 + a_3 + \ldots + a_n$.

3.

a) Ein Computerprogramm liefert die Zahlen 1, 2, 3, 4, 5, 6, 7, 8, 9, 10, 11, 12, 13, 14, 15, … Bis zur Zahl 15 hat er 21 Ziffern gedruckt. Das Programm endet, bis insgesamt 6.000.000.000.000 Ziffern ausgedruckt sind.

Welche Zahl hat das Programm bis dahin erreicht?

b) Eine Folge beginnt mit 3, das siebte Folgenglied ist 71. Das Bildungsgesetz besagt, dass jedes Glied (außer den ersten beiden) die Summe der beiden vorangegangenen ist.

Finde das 2. bis 6. Folgenglied.

c) Wie viele Ziffern hat die kleinste Zahl in der Folge 5, 55, 555, 5555, …, die durch

9 bzw.

99 teilbar ist?

d) Für die natürlichen Zahlen a_1, a_2, a_3, …, a_7 gilt:
$a_6 = 144$ und $a_{n+3} = a_{n+2} \cdot (a_{n+1} + a_n)$

Berechne a_7.

e) In der Folge 16, 80, 48, 64, a, b, c, d ist jedes Glied das arithmetische Mittel der beiden vorangegangenen Folgenglieder, z. B. $48 = \frac{1}{2}(16 + 80)$.

Berechne *a*, *b*, *c* und *d*.

f) In einer Folge ist jedes Folgenglied – bis auf das erste – um 1 größer als die Summe aller vorherigen Glieder.

Wenn das zehnte Glied 1280 ist, was ist dann das erste Glied?

g) Gegeben sind die beiden Folgen 1, 3, 6, 10, 15, … und 100, 125, 150, 175, …

Welches ist das erste Glied in der ersten Folge, das größer ist als das entsprechende Glied in der zweiten Folge?

h) Gegeben ist die Folge 1, 3, 5, 2, 4, 6, 3, 5, 7, 4, 6, 8, …

Finde die Summe der ersten hundert Folgenglieder.

4.

Zeige, dass alle Glieder der Folge

a) 1331, 1030301, 1003003001, … Kubikzahlen sind.

b) 16, 1156, 111556, 11115556, … Quadratzahlen sind.

c) 11, 111, 1111, 11111, … keine Quadratzahlen sind.

[Eins plus]

KOPIERVORLAGE

5.

a) In welcher Zeile und Spalte des Zahlenschemas

- steht 2004?
- steht 2003?

Zeile \ Spalte	1	2	3	4	5
1		2	4	6	8
2	16	14	12	10	
3		18	20	22	24
4	32	30	28	26	
5		34	36	38	40
…	…	…	…	…	…

Zeile \ Spalte	1	2	3	4	5
1		1	3	5	7
2	15	13	11	9	
3		17	19	21	23
4	31	29	27	25	
5		33	35	37	39
6	47	45	43	41	
7		49	51	53	55
…	…	…	…	…	…

b) In welcher Zeile des Zahlenschemas steht 2004?

			1			
		2	3	4		
	5	6	7	8	9	
10	11	12	13	14	15	16
…	…	…	…	…	…	…

c) Die natürlichen Zahlen sind rautenförmig angeordnet. Berechne die Summe der Zahlen in jeder der 4 Rauten. Welche Vermutung ergibt sich hieraus für die Summe der n-ten Raute? Beweise diese Vermutung.

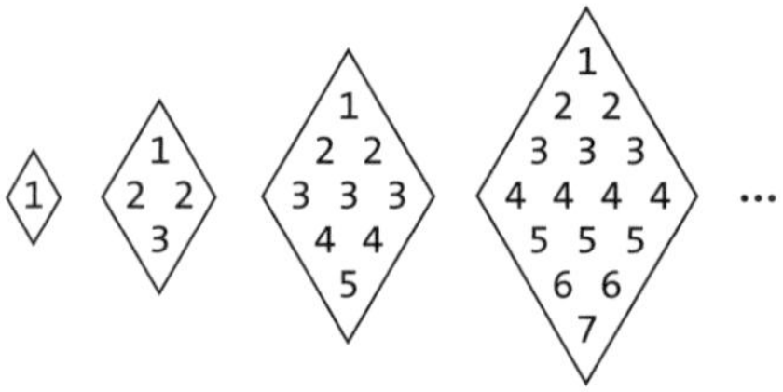

[Eins plus]

[Eins plus]

KOPIERVORLAGE

d) Das graue Quadrat ist umgeben von einem Ring aus 8 Quadraten. Dieser erste Ring ist umgeben von einem zweiten Ring aus 16 Quadraten. Wie viele Quadrate enthält der 100. Ring?

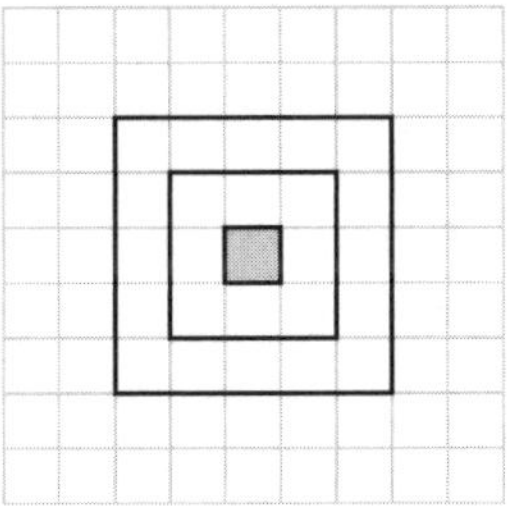

e) Im x-y-Koordinatensystem werden die natürlichen Zahlen auf einem Streckenzug angeordnet (siehe Abbildung). Zum Beispiel hat 11 die Koordinaten (2,4). Welche Koordinaten hat 2005?

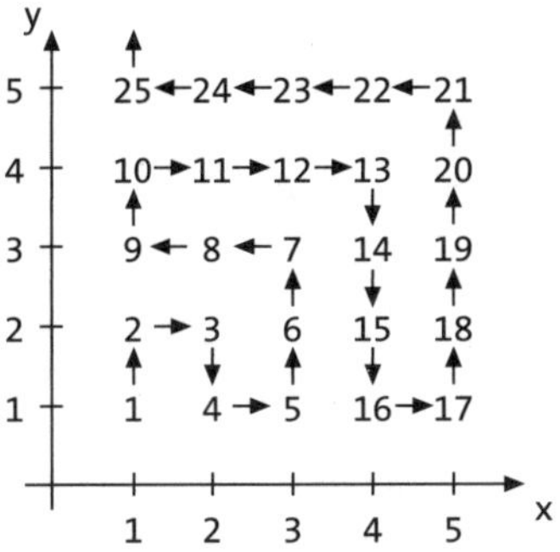

[Eins plus]

KOPIERVORLAGE

f) Bei einem spiralförmigen Durchlaufen aller Punkte im x-y-Koordinatensystem beginnt man in (0,0) und erreicht mit einem ersten Schritt (1,0), mit einem zweiten (1,1) usw. (siehe Abbildung). Welchen Punkt hat man nach 2005 Schritten erreicht?

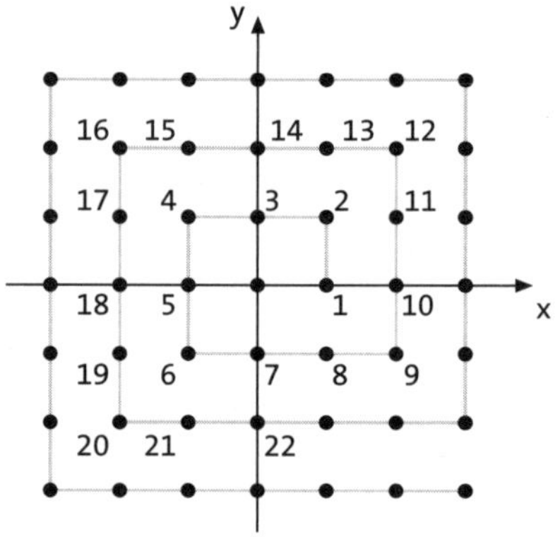

g) Bei den folgenden Gleichungen geht es um die Summen aufeinander folgender Quadratzahlen, und zwar stehen in der n-ten Gleichung rechts n und links $n + 1$ Summanden.

Wie lautet die nächste Gleichung ($n = 5$)?
Beweise die allgemeine Gesetzmäßigkeit.

$$3^2 + 4^2 = 5^2$$

$$10^2 + 11^2 + 12^2 = 13^2 + 14^2$$

$$21^2 + 22^2 + 23^2 + 24^2 = 25^2 + 26^2 + 27^2$$

$$36^2 + 37^2 + 38^2 + 39^2 + 40^2 = 41^2 + 42^2 + 43^2 + 44^2$$

6.

Eine Folge $a_1, a_2, a_3, \ldots$ heißt arithmetisch (geometrisch), wenn die Differenz (der Quotient) zweier aufeinander folgender Glieder konstant ist.

Beispiel

- Die arithmetische Folge 3, 10, 17, 24, 31, … hat die rekursive Darstellung $a_{n+1} = a_n + 7$, $a_1 = 3$ und die explizite Darstellung $a_n = 7n - 4$, $n = 1, 2, 3, \ldots$
- Die geometrische Folge 3, 6, 12, 24, 48, … hat die rekursive Darstellung $a_{n+1} = 2 \cdot a_n$, $a_1 = 3$ und die explizite Darstellung $a_n = 3 \cdot 2^{n-1}$, $n = 1, 2, 3, \ldots$

a) Eine Zahlenfolge beginnt mit 2 und hat 524288 als zehntes Folgenglied.

- Es soll sich um eine arithmetische Folge handeln. Wie lauten die ersten drei Glieder?
- Welches sind die ersten drei Glieder, wenn es sich um eine geometrische Folge handelt?
- Gib für die beiden oben genannten Folgen jeweils die rekursive und die explizite Darstellung an.

b) Drei paarweise verschiedene Zahlen a, b und c mit der Summe 9 bilden in der Reihenfolge a, b, c eine arithmetische Folge und in der Reihenfolge b, c, a eine geometrische Folge.

Berechne a, b und c.

c) Sei a, b, c eine geometrische Folge mit dem Quotient $q = \frac{b}{a} \neq 1$.

Berechne q, wenn $a, 2b, 3c$ eine arithmetische Folge ist.

d) Sei a, b, c eine arithmetische Folge und seien sowohl $a + 1, b, c$ als auch $a, b, c + 2$ geometrische Folgen.

Berechne a, b und c.

e) Für eine arithmetische Folge $a_1, a_2, a_3, \ldots$ gilt $a_1 + a_2 + \ldots + a_{50} = 200$ und $a_{51} + a_{52} + \ldots + a_{100} = 2700$.

Berechne a_1.

f) Bei einer arithmetischen Folge $a_1, a_2, a_3, \ldots$ gilt:
$a_1 + a_3 + a_5 + a_7 + a_9 = 17$ und $a_2 + a_4 + a_6 + a_8 + a_{10} = 15$.

Berechne die konstante Differenz d der Folgenglieder.

g) Gegeben ist eine Folge $a_1, a_2, a_3, \ldots$ mit:
$a_1 = -6,\ a_2 = 3,\ a_{n+1} = \frac{1}{2}(a_n + a_{n-1})$.

Berechne a_3, a_4 und a_5. Zeige, dass $a_1, a_2, a_3, \ldots$ eine geometrische Folge ist.

h) In einer arithmetischen Folge von positiven Zahlen ist die konstante Differenz der Folgenglieder doppelt so groß wie das erste Folgenglied und die Summe der ersten sechs Glieder ist gleich dem Quadrat des ersten Gliedes.

Wie groß ist das erste Glied?

Lösungen

(Aufgaben Seite 11–18)

1.

a) Die Zahl n steht zum letzten Mal an der Stelle $1 + 2 + 3 + \ldots + n$.
Es gilt: $1 + 2 + 3 + \ldots + n = \frac{n}{2}(n+1) = \begin{cases} 91 \text{ für } n = 13 \\ 105 \text{ für } n = 14 \end{cases}$.
Also ist das 100. Glied der Folge 14.

b) Die ungerade Zahl $2n - 1$ steht in der Folge an der Stelle $1 + 3 + 5 + \ldots + (2n-1)$ zum letzten Mal. Es gilt: $1 + 3 + 5 + \ldots + (2n-1) = n^2$, also steht an der 100. Stelle die 10. ungerade Zahl, d. h. 19.

c) In der Folge wird abwechselnd 1 addiert und verdoppelt. Jedes zweite Folgenglied, d. h. 2, 5, 11, 23, 47, … ist um 1 kleiner als die Folge 3, 6, 12, 24, 48, …, hat also die Form $3 \cdot 2^{n-1} - 1$.
Das 100. Glied ergibt sich für $n = 50$, es ist also $3 \cdot 2^{49} - 1$.

d) In der Folge wird abwechselnd zweimal 2 addiert und 3 subtrahiert, also sind $a_1 = 1,\ a_4 = 2,\ a_7 = 3,\ a_{10} = 4, \ldots$ die natürlichen Zahlen und somit $a_{100} = 34$.

e) Die Folge besteht aus den natürlichen Zahlen ohne Quadratzahlen und ohne Kubikzahlen. Bis einschließlich 100 gibt es die 10 Quadratzahlen 1, 4, 9, 16, 25, 36, 49, 64, 81, 100 und die 2 Kubikzahlen 8 und 27, die keine Quadratzahlen sind; also ist das 100. Folgenglied $100 + 10 + 2 = 112$.

f) Das n-te Folgenglied ist $1 + 2 + 3 + \ldots + n = \frac{n}{2}(n+1) = 5050$ für $n = 100$.

2.

a) Aus der rekursiven Darstellung $a_n = \frac{n}{n+1}(1 + a_{n-1})$ folgt: $a_n = \frac{n}{2}$,
denn es gilt: $a_{n+1} = \frac{n+1}{n+2}\left(1 + \frac{n}{2}\right) = \frac{n+1}{2}$.

b) Aus 1, 3, 7, 15, 31, … ergibt sich die Vermutung $a_n = 2^n - 1$.
Es gilt: $a_{n+1} = 2 \cdot a_n + 1 = 2 \cdot (2^n - 1) + 1 = 2^{n+1} - 1$.

c) Die ersten fünf Glieder der Folge sind 3, 7, 19, 55, 163, d. h. um 1 größer als 2, 6, 18, 54, 162. Vermutung: $a_n = 2 \cdot 3^{n-1} + 1$.

d) $a_n = 2^n \cdot (1 + 3 \cdot (-1)^n)$.

e) Die ersten zehn Glieder der Folge in Abhängigkeit von b sind 3, b, $2b + 3$, $5b + 6$, $12b + 15$, $29b + 36$, $70b + 87$, $169b + 210$, $408b + 507$, $985b + 1224 = 8119$, also $b = 7$.

f) Wegen $a_n = 2 + \frac{n-1}{2}$ ist $a_{101} = 52$.

g)

n	1	2	3	4	5	6
a_n	1	2	7	29	22	23

h) $a_n = \frac{1}{n}$

i) Sei $b_n = \frac{1}{a_n}$. Dann gilt: $b_1 = b_2 = 1$ und $b_{n+1} = b_n + b_{n-1}$, d. h.

b_{12} ist die 12. Fibonacci-Zahl, also $a_{12} = \frac{1}{b_{12}} = \frac{1}{144}$.

j) Aus $a_{n+1} = a_n + \frac{1}{3} = a_{n-1} + \frac{2}{3} = \ldots = a_1 + \frac{n}{3}$ folgt: $a_{2005} = 1 + \frac{2004}{3} = 669$.

k) Es gilt:

$a_2 - a_1 = 2 \cdot 1$

$a_3 - a_2 = 2 \cdot 2$

…

$a_{100} - a_{99} = 2 \cdot 99$.

Die Addition dieser 99 Gleichungen ergibt:

$a_{100} - a_1 = 2 \cdot (1 + 2 + \ldots + 99) = 9900$ und somit $a_{100} = 9902$.

l) Es gilt $\frac{1}{a_{n+1}} - \frac{1}{a_n} = n$, also:

$\frac{1}{a_2} - \frac{1}{a_1} = 1$

$\frac{1}{a_3} - \frac{1}{a_2} = 2$

…

$\frac{1}{a_{2004}} - \frac{1}{a_{2003}} = 2003$.

Die Addition dieser Gleichungen ergibt:

$\frac{1}{a_{2004}} - \frac{1}{a_1} = 1 + 2 + 3 + \ldots + 2003 = \frac{2003 \cdot 2004}{2}$.

Wegen $a_1 = 1$ folgt $a_{2004} = \frac{1}{2007007}$.

m) $a_3 = 10$, $a_4 = 33$

n) Es gilt $a_1 = p$, $a_2 = \frac{-1}{p+1}$, $a_3 = -\frac{p+1}{p}$, $a_4 = p$.

Also ist die Folge periodisch und es gilt $p = a_1 = a_4 = a_7 = a_{10} = \ldots$

o) $a_3 = \frac{q+1}{p}$, $a_4 = \frac{p+q+1}{p \cdot q}$, $a_5 = \frac{p+1}{q}$, $a_6 = p$, $a_7 = q$.

p) Wegen $a_n = 1 + 2 + 2^2 + \ldots + 2^{n-1} = 2^n - 1$ gilt:

$a_1 + a_2 + \ldots + a_n = (2^1 - 1) + (2^2 - 1) + \ldots + (2^n - 1) = 2^{n+1} - n - 2$.

3.

a) Es gibt 9 Zahlen mit einer Ziffer, 90 Zahlen mit 2 Ziffern, $9 \cdot 10^2$ mit 3 Ziffern, usw. Die Anzahl der benötigten Ziffern von 1 bis 99999999999 beträgt:
$9 + 2 \cdot 90 + 3 \cdot 900 + 4 \cdot 9 \cdot 10^3 + 5 \cdot 9 \cdot 10^4 + \ldots + 11 \cdot 9 \cdot 10^{10} = 1088888888889$.
Abgezogen von $6 \cdot 10^{12}$ ergibt noch 4911111111111 weitere Ziffern. Die nächsten Zahlen haben 12 Ziffern. Division durch 12 ergibt 409259259259,2. Also ist die Zahl, die erreicht wird, 509259259259.

b) Ist das zweite Folgenglied b, so sind die ersten sieben Folgenglieder 3, b, $3 + b$, $3 + 2b$, $6 + 3b$, $9 + 5b$, $15 + 8b = 71$, also $b = 7$ und somit 3, 7, 10, 17, 27, 44, 71.

c)
- 9
- 99

d) Setzt man $a_1 = r$, $a_2 = s$ und $a_3 = t$, so folgt:
$a_6 = t^2 (r + s)(s + t)(r + s + 1) = 144 = 2 \cdot 2 \cdot 2 \cdot 2 \cdot 3 \cdot 3$ und hieraus als einzige Lösung $r = t = 2$ und $s = 1$. Also sind die ersten 6 Glieder der Folge 2, 1, 2, 6, 18, 144 und somit $a_7 = 144 \cdot (18 + 6) = 3456$.

e) $a = 56$, $b = 60$, $c = 58$, $d = 59$

f) Sei a das erste Folgenglied. Die Folge a, $a + 1$, $2a + 2$, $4a + 4$, $8a + 8$, … hat $2^{n-2}(a + 1)$ als n-tes Glied. Für $n = 10$ gilt $2^8 (a + 1) = 1280$, also $a = 4$.

g) Das allgemeine Bildungsgesetz ist $\frac{1}{2} n (n + 1)$ und $75 + 25n$ für $n = 1, 2, 3, \ldots$ Gesucht ist das kleinste n mit $\frac{1}{2} n (n + 1) > 75 + 25n$. Wegen $n (n + 1) > 50 (n + 3)$ muss $n > 50$ sein. Überprüfung von 51 und 52 ergibt für $n = 52$ in der ersten Folge 1378 und 1375 in der zweiten.

h) Die Folge enthält drei Teilfolgen:
1, 2, 3, …, 34; 3, 4, 5, …, 35 und 5, 6, 7, …, 37.
Ihre Summen sind $\frac{1}{2} \cdot 34 \cdot 35 = 595$, $\frac{1}{2} \cdot 35 \cdot 36 - 3 = 627$ und $\frac{1}{2} \cdot 37 \cdot 38 - 10 = 693$.
Zusammen ergibt sich 1915.

4.

a) $1331 = 1 \cdot 10^3 + 3 \cdot 10^2 + 3 \cdot 10 + 1 = (10 + 1)^3$ und entsprechend
$1030301 = (10^2 + 1)^3$, $1003003001 = (10^3 + 1)^3$ usw.

b) $11 \ldots 15 \ldots 56 = 3 \ldots 34^2$ zum Beispiel:

```
3334 · 3334
10002
 10002
  10002
   13336
11115556
```

c) Eine Quadratzahl kann bei Division durch 4 nur den Rest 0 oder 1 haben. Es gilt aber $11 \ldots 11 = 100 \cdot 11 \ldots 1 + 11 = 4 \cdot (25 \cdot 11 \ldots 1 + 2) + 3$, d. h. bei Division durch 4 ergibt sich der Rest 3.

5.

a) - In der 3. Spalte stehen 4, 12, 20, 28, …, d. h. $8n - 4$, wobei n die Zeilennummer ist. Wegen $2004 = 8 \cdot 251 - 4$ steht 2004 in der 251. Zeile und der 3. Spalte.
   - In der n-ten Zeile stehen die ungeraden Zahlen zwischen $8(n-1)$ und $8n$. Wegen $2003 = 250 \cdot 8 + 3$ steht 2003 in der 251. Zeile und der 3. Spalte.

b) Die n-te Zeile endet mit n^2. Wegen $44^2 < 2004 < 45^2$ steht 2004 in der 45. Zeile.

c) Die Summen in den ersten vier Rauten sind 1, 8, 27 und 64, sodass für die n-te Raute n^3 vermutet wird. Die $(n-1)$-te Raute ist in der n-ten Raute enthalten. Hinzu kommt noch die Summe:
$2 \cdot (n + (n+1) + \ldots + (n + n - 1)) - (2n - 1) = 3n^2 - 3n + 1$.
Es gilt: $(n-1)^3 + 3n^2 - 3n + 1 = n^3$.

d) Der n-te Ring ist die Differenz von zwei Quadraten mit den Seitenlängen $2n + 1$ und $2n - 1$. Aus $(2n+1)^2 - (2n-1)^2 = 8n$ folgt für den 100. Ring 800 Quadrate.

e) Die geraden Quadratzahlen n^2 haben die Koordinaten $(n, 1)$, die ungeraden $(1, n)$. Wegen $44^2 < 2005 < 45^2$ liegt 2005 auf dem Streckenzug von (44,1) bis (1,45), und zwar 20 Stellen vor $2025 = 45^2$, d. h. 2005 hat die Koordinaten (21,45).

f) Ungerade Quadratzahlen $(2n-1)^2$ haben die Koordinaten $(n, 1-n)$, also hat $2025 = 45^2 = (2 \cdot 23 - 1)^2$ die Koordinaten (23,–22) und 2005 liegt 20 Schritte davor, d. h. bei (3,–22).

g) Für $n = 5$ gilt: $55^2 + 56^2 + 57^2 + 58^2 + 59^2 + 60^2 = 61^2 + 62^2 + 63^2 + 64^2 + 65^2$.
Ist a^2 die erste (kleinste) Zahl in der n-ten Gleichung, so gilt: $a^2 + (a+1)^2 + (a+2)^2 + \ldots + (a+n)^2 = (a+n+1)^2 + (a+n+2)^2 + \ldots + (a+n+n)^2$.
Ausmultiplizieren und zusammenfassen ergibt $a^2 = 2an^2 + n^2(2n+1)$ und somit $(a - n^2)^2 = n^2(n+1)^2$, also $a = 2n^2 + n$.
Beginnt man daher die n-te Gleichung mit $(2n^2 + n)^2$, so gelten für die $2n$ folgenden Quadrate, die angegebenen Gleichungen.

6.

a) Seien $a_1 = 2$ und $a_{10} = 524288$
   - Aus $a_{10} = a_1 + 9d$ folgt $d = 58254$ und somit $a_2 = 58256$, $a_3 = 116510$.
   - Aus $a_{10} = a_1 \cdot q^9$ folgt $a = \sqrt[9]{262144} = 4$, also $a_2 = 8$, $a_3 = 32$.
   - Arithmetische Folge: $a_{n+1} = a_n + 58254$, $a_n = 2 + 58254 \cdot (n-1)$
     Geometrische Folge: $a_{n+1} = 4 \cdot a_n$, $a_n = 2 \cdot 4^{n-1}$

b) Aus $a + b + c = 9$, $b - a = c - b$ und $\frac{c}{b} = \frac{a}{c}$ folgt $a = 12$, $b = 3$, $c = -6$.

c) Wegen $b = a \cdot q$ und $c = a \cdot q^2$ gilt $2aq - a = 3aq^2 - 2aq$ und somit $3q^2 - 4q + 1 = 0$, also $(3q-1)(q-1) = 0$. Wegen $q \neq 1$ gilt $q = \frac{1}{3}$.

d) Aus $b - a = c - b$, $\frac{b}{a+1} = \frac{c}{b}$, $\frac{b}{a} = \frac{c+2}{b}$ folgt $a = 8$, $b = 12$, $c = 16$.

e) Sei d die (konstante) Differenz der arithmetischen Reihe.

Aus $200 = a_1 + (a_1 + d) + \ldots + (a_1 + 49d) = 50a_1 + \frac{1}{2} \cdot 50 \cdot 49d$ und

$2700 = (a_1 + 50d) + (a_1 + 51d) + \ldots + (a_1 + 99d) = 50a_1 + \frac{1}{2} \cdot 50\,(50 + 99)d$

folgt $d = 1$ und $a_1 = -20{,}5$.

f) Subtraktion der beiden Gleichungen ergibt:
$(a_2 + a_4 + \ldots + a_{10}) - (a_1 + a_3 + \ldots + a_9) = (a_2 - a_1) + (a_4 - a_3) + \ldots + (a_{10} - a_9) =$
$d + d + d + d + d = -2$, also $d = -\frac{2}{5}$.

g) $a_3 = -\frac{3}{2}$, $a_4 = \frac{3}{4}$, $a_5 = -\frac{3}{8}$. Wenn $\frac{a_n}{a_{n-1}} = -\frac{1}{2}$ ist, dann gilt:
$\frac{a_{n+1}}{a_n} = \frac{a_n + a_{n-1}}{2a_n} = \frac{1}{2} + \frac{1}{2}\frac{a_{n-1}}{a_n} = \frac{1}{2} + \frac{1}{2} \cdot (-2) = -\frac{1}{2}$.

h) Ist a das erste Glied, so soll gelten:
$a + (a + 2a) + (a + 4a) + (a + 6a) + (a + 8a) + (a + 10a) = a^2$.
Hieraus folgt $a = 36$.

II. Geometrische Beweise

Das Lösen geometrischer Probleme beruht auf dem Erkennen von Zusammenhängen in geometrischen Figuren, woraus sich dann Vermutungen und Beweisideen entwickeln lassen. Das Auffinden der für den Beweis relevanten Teilfiguren in der gegebenen Figur und das Erkennen ihrer besonderen Eigenschaften werden in dieser Altersgruppe u. a. zur Berechnung von Winkelgrößen und Bestimmung kongruenter Seitenlängen genutzt. Dabei werden kongruenz- und abbildungsgeometrische Beweismethoden eingesetzt (Abschnitte 1 und 2). Die Betrachtung der invarianten Größen bei geometrischen Abbildungen (Spiegelungen, Drehungen oder Verschiebungen) erleichtert das Entdecken neuer Zusammenhänge und ermöglicht das Rückschließen auf weitere Größen.

Beim (geometrischen) Beweis wird die Gültigkeit einer Aussage dadurch bewiesen, dass man sie auf bereits bewiesene Aussagen zurückführt. Anhand falscher Beweise sollen Fehler in der deduktiven Vorgehensweise entdeckt werden (Abschnitt 3).

1. Winkelgrößen und Seitenlängen

Zur Bestimmung von Winkelgrößen und Seitenlängen werden hauptsächlich die Kongruenzsätze an Dreiecken eingesetzt. Weitere Sätze z. B. zur Bestimmung der Winkelsumme in Vielecken oder der Außenwinkel im Dreieck werden ebenfalls zur Beweisführung herangezogen. Dabei ist oft ein gezieltes Ergänzen der Beweisfigur durch Hilfslinien notwendig, was für begabte Schülerinnen und Schüler eine willkommene Herausforderung darstellt.

Aufgaben

1.

Berechne die Winkelsumme im Sternfünfeck bzw. im Sternsiebeneck.

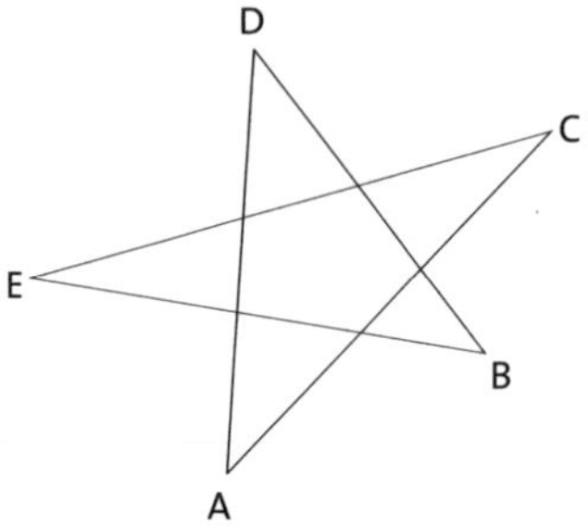

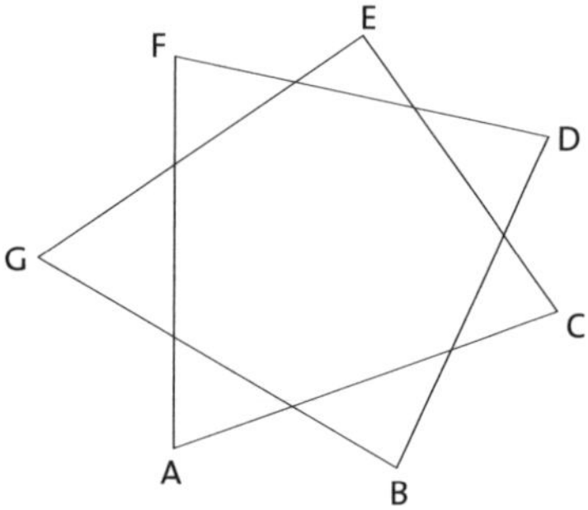

2.

Im rechtwinkigen Dreieck ABC (∢ BAC = 90°) seien AS die Seitenhalbierende, AW die Winkelhalbierende und AH die Höhe.

Beweise, dass AW auch Winkelhalbierende von ∢ SAH ist.

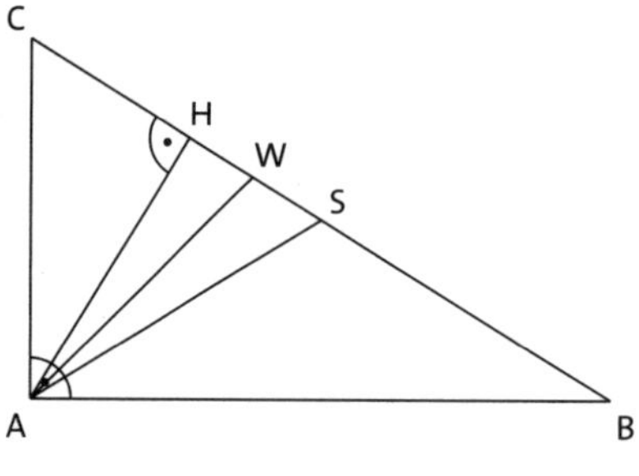

3.

Gegeben ist ein Trapez mit drei gleich langen Seiten. Die vierte Seite ist doppelt so lang.

Unter welchem Winkel schneiden sich die Diagonalen des Trapezes?

4.

Gegeben ist ein gleichschenkliges Trapez ABCD mit AB||CD, ∢ BAD = ∢ CBA = 80° und ∢ BAC = 60°. Der Punkt P wird auf der Seite AD so gewählt, dass ∢ PBA = 50° ist.

Berechne ∢ DCP.

KOPIERVORLAGE

5.

In der Abbildung sind drei Tangenten an den Kreis gezeichnet, die das Dreieck ABC einschließen.

Zeige, dass der Umfang des Dreiecks unabhängig von der Lage der Punkte A und C ist.

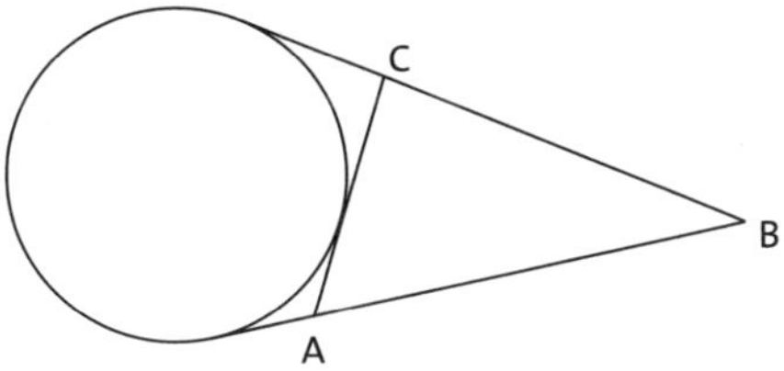

6.

Beweise oder widerlege: Teilt man die Seite BC des Dreiecks ABC in drei kongruente Strecken BD = DE = EC, so wird der Winkel bei A durch AD und AE gedrittelt.

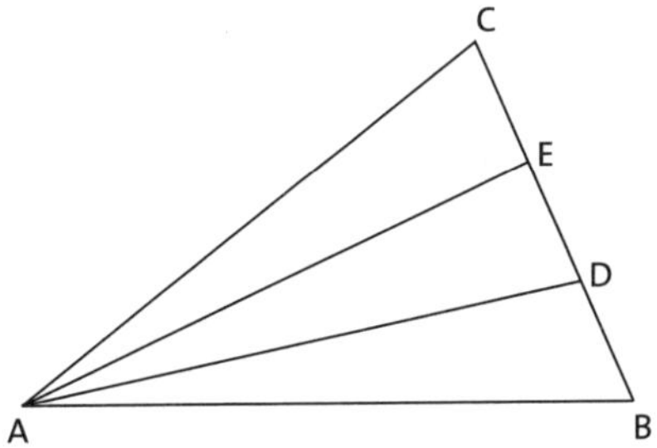

7.

Sei B ein Punkt auf dem Schenkel OQ von ∢ QOP und A der Fußpunkt des Lotes von B auf OP. Sei ABC ein gleichseitiges Dreieck, sodass die Punkte O und C auf verschiedenen Seiten von AB liegen.

Berechne ∢ QOP, wenn ∢ QOC = 2 · ∢ COP gilt.

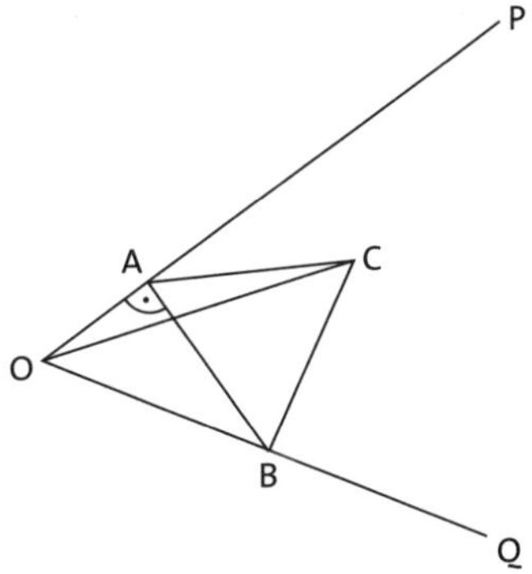

8.

Konstruiere den Inkreismittelpunkt I des Dreiecks ABC und die Umkreismittelpunkte U_1, U_2 und U_3 der Dreiecke ABI, BCI bzw. CAI. Beweise, dass das Dreieck $U_1U_2U_3$ den gleichen Umkreismittelpunkt wie das Dreieck ABC hat.

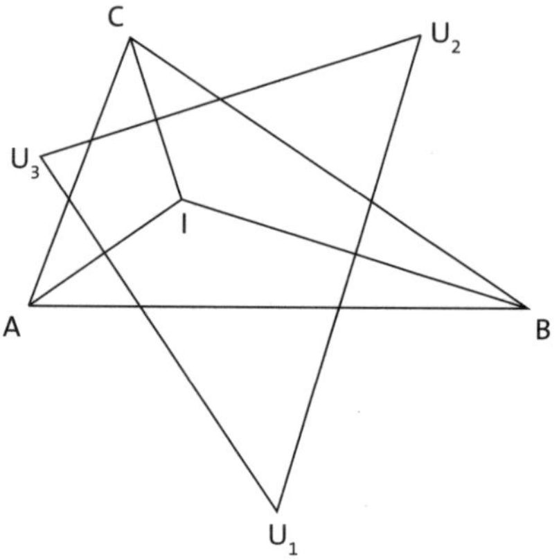

Lösungen

(Aufgaben Seite 24–26)

1.

Aus der Winkelsumme im Dreieck AGF ergibt sich mit Hilfe des Außenwinkelsatzes in den Dreiecken EGC und DFB die Winkelsumme im Sternfünfeck (180°).
Die Winkelsumme im Sternsiebeneck lässt sich aus der Winkelsumme des Sternfünfecks CDEFG und der Dreiecke ACF und BDG berechnen. Folglich ist die Winkelsumme $3 \cdot 180° = 540°$.

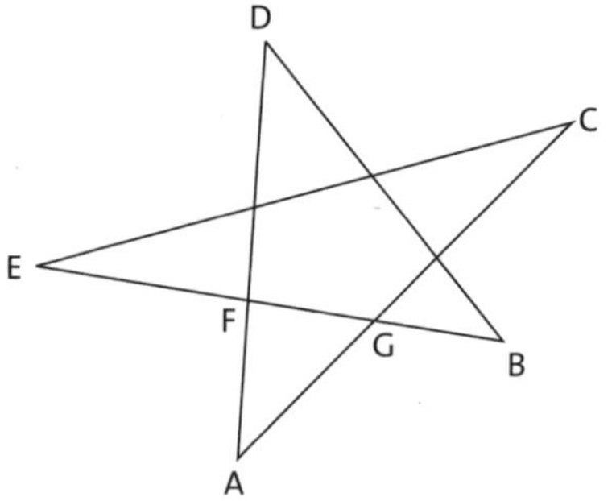

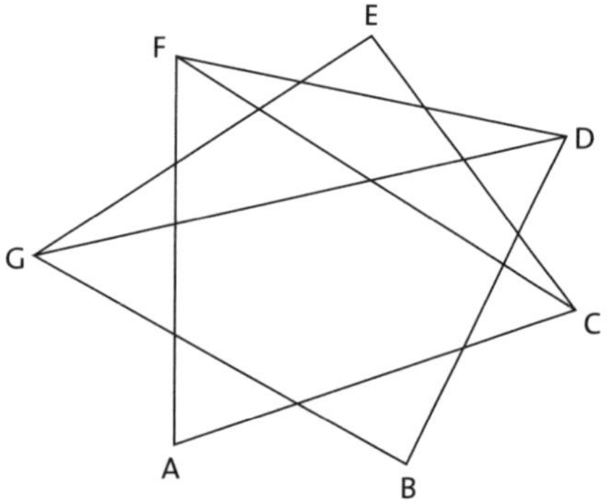

2.

Nach dem Satz von Thales liegt der Punkt A auf einem Kreis mit Durchmesser BC und Mittelpunkt S, also gilt AS = BS = CS. Folglich ist das Dreieck ABS gleichschenklig, woraus die Gleichheit der Basiswinkel bei A und B folgt. In den Dreiecken ABC und AHC ist der Winkel bei B gleich ∢ HAC. Also halbiert AW auch ∢ SAH.

3.

Sei M der Mittelpunkt der Strecke AB. Das Trapez ABCD wird durch die Strecke MC (MD) in ein gleichseitiges Dreieck und eine Raute zerlegt. Die Diagonale AC (BD) teilt die Raute AMCD (MBCD) in zwei kongruente, gleichschenklige Dreiecke (Basiswinkel 30°). Der gesuchte Winkel ist Außenwinkel des Dreiecks ABS und beträgt folglich 60°.

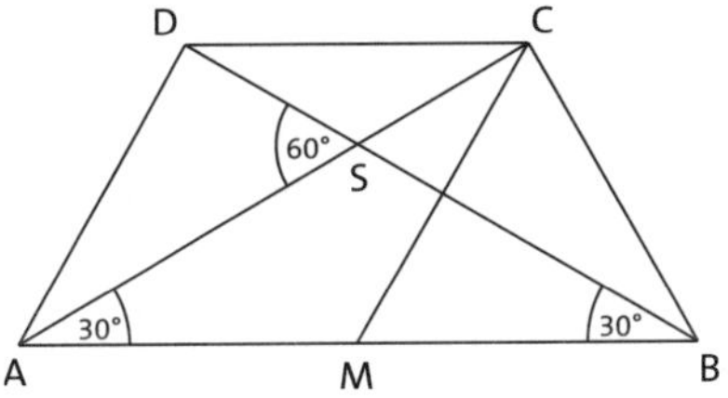

4.

Im gleichschenkligen Trapez ABCD mit dem Diagonalenschnittpunkt S und ∢ BAC = 60° sind die Dreiecke ABS und CDS gleichseitig. Aus der Voraussetzung (∢ PBA = 50°, ∢ BAD = 80°) folgt, dass das Dreieck ABP gleichschenklig ist mit ∢ PBA = ∢ APB = 50°. Also gilt AB = AS = AP, woraus die Gleichschenkligkeit des Dreiecks ASP (Basiswinkel 80°) folgt. Im Viereck PSCD sind ∢ CSP und ∢ SPD als Außenwinkel des Dreiecks ASP 100°, und ∢ ADC ist im Trapez ABCD ebenfalls 100°. Das Viereck PSCD kann in zwei gleichschenklige Dreiecke SCD (Basiswinkel 60°) und PSD (Basiswinkel 40°) zerlegt werden. Folglich ist PSCD ein Drachenviereck mit der Diagonalen PC als Winkelhalbierenden. Somit gilt ∢ DCP = 30°.

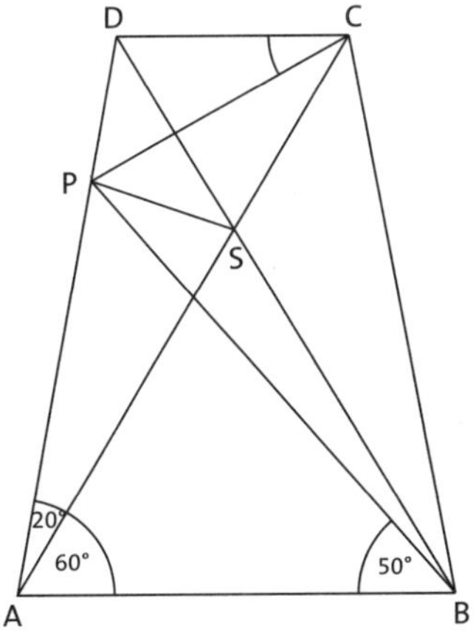

5.

Da die Abschnitte der Tangenten von A bzw. C an den Kreis gleich lang sind, ist der Dreiecksumfang gleich der (konstanten) Summe der Tangentenabschnitte von B an den Kreis.

6.

Indirekter Beweis: Es soll gezeigt werden, dass die Annahme der Winkeldreiteilung zu einem Widerspruch führt.

Sei F ein Punkt auf der Geraden AE mit AE = EF. Aus der Kongruenz der Dreiecke ADE und FCE folgt ∢ DAE = ∢ CFE. Folglich ist Dreieck AFC gleichschenklig mit AC = CF und die Seitenhalbierende CE ist auch Höhe des Dreiecks. Somit gilt AE⊥BC. Entsprechend kann gezeigt werden, dass AD⊥BC gilt. Also ist E = D, was im Widerspruch zur Annahme steht.

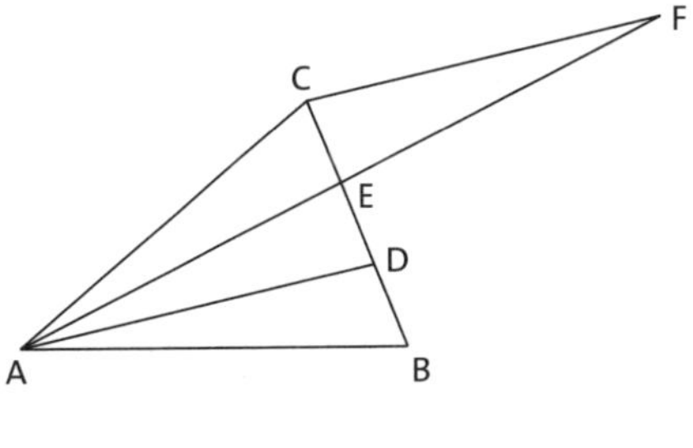

7.

Laut Voraussetzung ist:
$\sphericalangle\, QOC = 2 \cdot \sphericalangle\, COP =: 2 \cdot \alpha$.
Konstruiere $EC \perp OP$ mit $CD = DE$ und den Punkt F auf dem Schenkel OQ mit $OF = OC$.
Es folgt die Kongruenz der Dreiecke ABC und EAC bzw. OFC und OCE, somit $BC = FC$ und $\sphericalangle\, FBC = \sphericalangle\, CFB$. Also:
$2 \cdot \alpha + (\alpha + 30°) = \frac{1}{2} \cdot (180° - 2 \cdot \alpha)$.
Somit: $\alpha = 15°$ und $\sphericalangle\, QOP = 45°$.

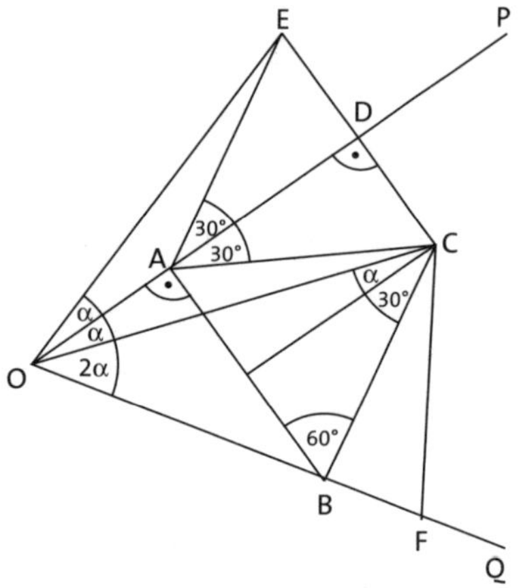

8.

Sei U der Umkreismittelpunkt von Dreieck ABC. Winkel, deren Schenkel senkrecht aufeinander stehen, sind gleich, also:
$\sphericalangle\, UU_1U_3 = \frac{\alpha}{2} = \sphericalangle\, U_1U_3U$.
Somit ist Dreieck U_1UU_3 gleichschenklig mit $UU_1 = UU_3$. Analog ergibt sich $UU_1 = UU_2$ und damit $UU_1 = UU_2 = UU_3$. Also ist U auch Umkreismittelpunkt des Dreiecks $U_1U_2U_3$.

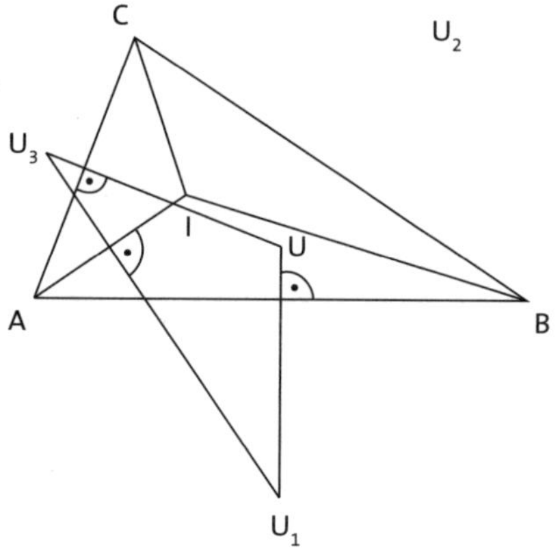

2. Abbildungsgeometrische Beweise

Zur Abbildungsgeometrie gehören Kongruenzabbildungen (Invarianten: Winkelgröße, Streckenlänge), die Gegenstand der 7. und 8. Klasse sind, und Ähnlichkeitsabbildungen (Invarianten: Winkelgröße, Streckenverhältnis), die im Mathematikunterricht der 9. Klasse thematisiert werden. Kongruenzabbildungen sind Achsen- und Punktspiegelungen, Drehungen und Verschiebungen, bei denen Form und Größe der abgebildeten Figuren unverändert bleiben und die Gleichheit von Winkeln und Längen gefolgert werden kann.

Aufgaben

1.

Auf den Katheten eines rechtwinkligen Dreiecks ABC ($\sphericalangle$ BAC = 90°) werden nach außen die Quadrate DEBA und IACH errichtet. Die Fußpunkte der Lote von E und H auf die Gerade BC sind F bzw. G.

Beweise, dass FE + GH = BC gilt.

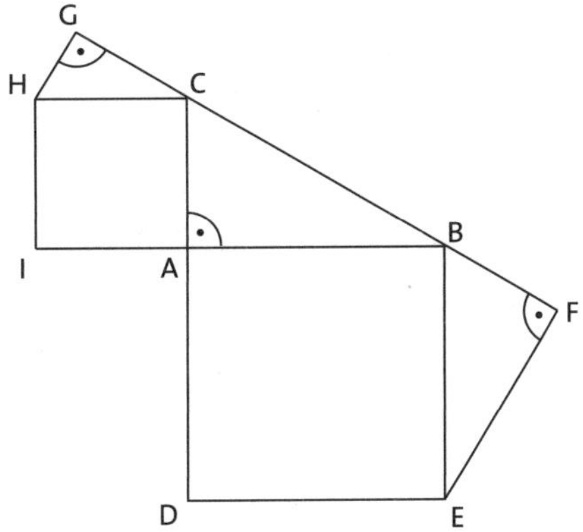

2.

Sei C ein Punkt der Strecke AB. Auf AC und CB werden die gleichseitigen Dreiecke ACE und CBD errichtet. Die Punkte F und G seien die Mittelpunkte der Strecken AD bzw. BE.

Zeige, dass das Dreieck CGF gleichseitig ist.

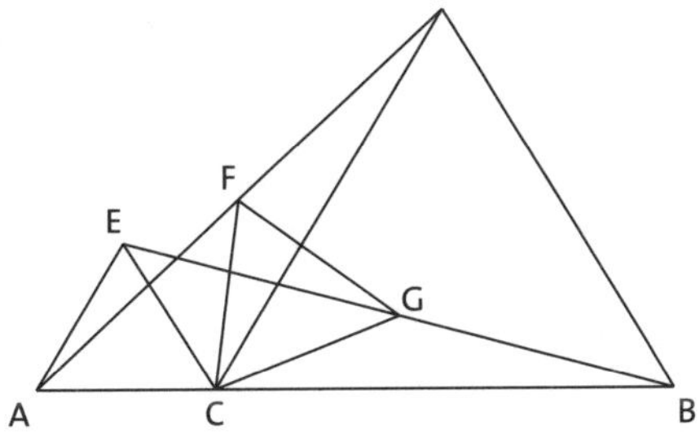

KOPIERVORLAGE

3.

Sei M ein Punkt der Strecke AB.

Zeichne die Quadrate AMCD und MBFE, und deren Umkreise.
Beweise, dass sich die Geraden BC und AE im Punkt N schneiden.

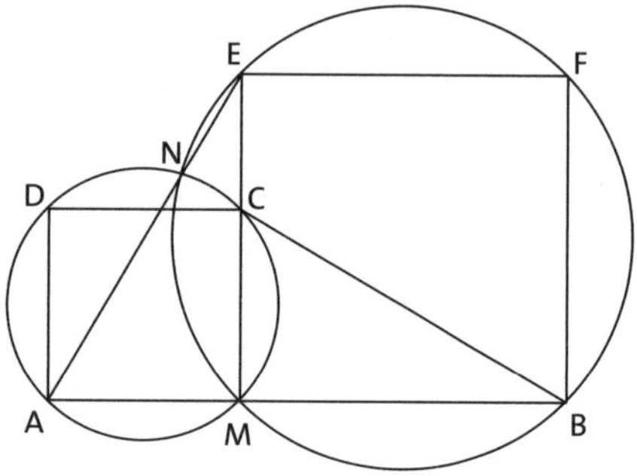

4.

Auf den Seiten BC und AC des Dreiecks ABC werden die gleichseitigen Dreiecke BCE und ACD errichtet.

Zeige, dass die Strecken AB und DE gleich lang sind.

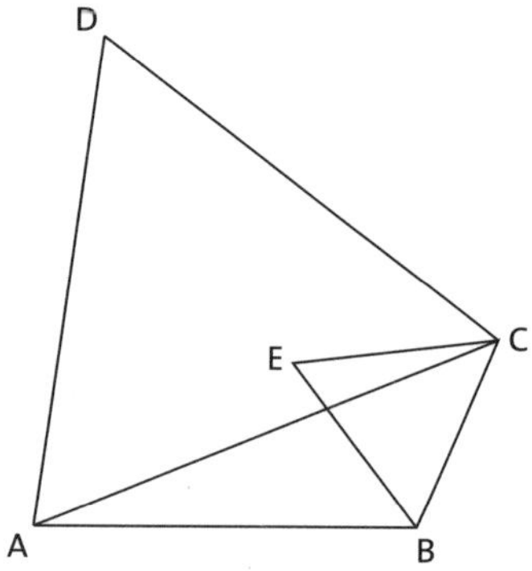

5.

Auf den Seiten eines Vierecks ABCD werden abwechselnd nach außen und innen gleichseitige Dreiecke errichtet.

Beweise, dass EFGH ein Parallelogramm ist.

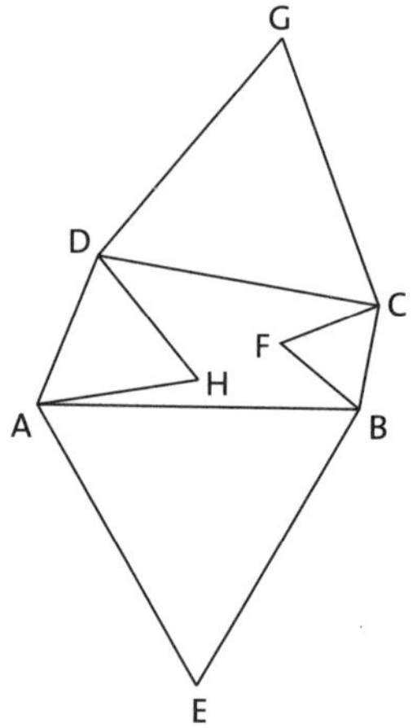

6.

Ein Dreieck ABC wird wie abgebildet abwechselnd an seinen Seiten gespiegelt.

Zeige, dass AC||A“C“ gilt.

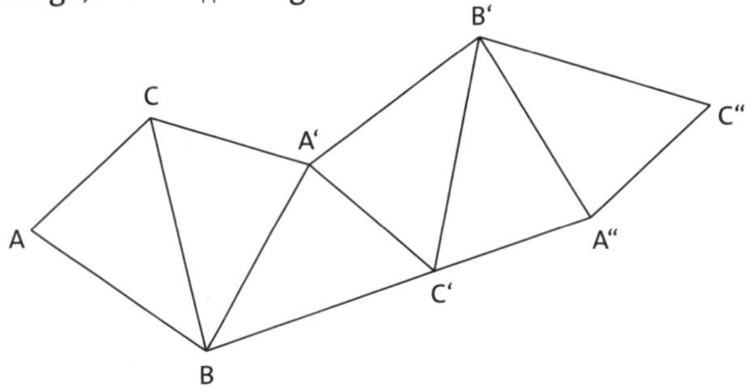

7.

a) Gegeben sind zwei parallele Geraden g, h und ein Punkt A.

Konstruiere ein gleichseitiges Dreieck ABC mit dem Punkt B auf der Geraden g und dem Punkt C auf der Geraden h.

b) Gegeben sind drei parallele Geraden.

Konstruiere ein Quadrat so, dass drei Ecken auf den Geraden liegen.

8.

Gegeben sind die Punkte A, B und C.

Konstruiere ein Quadrat so, dass A der Schnittpunkt der Diagonalen und die Punkte B und C auf jeweils einer Seite oder deren Verlängerung liegen.

9.

Ein rechteckiges Papier ABCD wird wie abgebildet gefaltet (m: Mittellinie des Papiers).

Beweise, dass ∢ CBA durch die Faltlinie im Verhältnis 2:1 geteilt wird.

Beweise, dass das gefaltete Dreieck EBF gleichseitig ist.

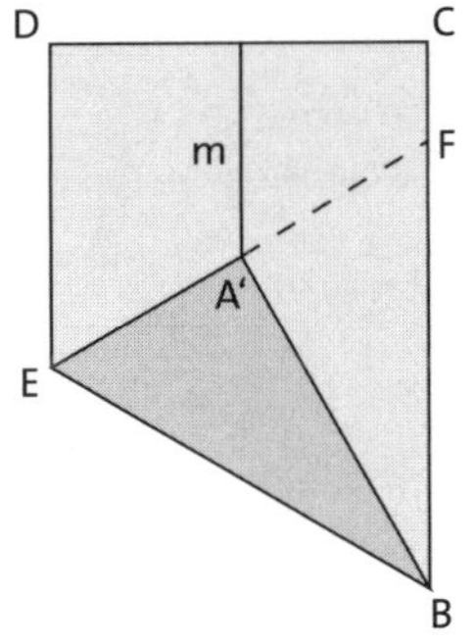

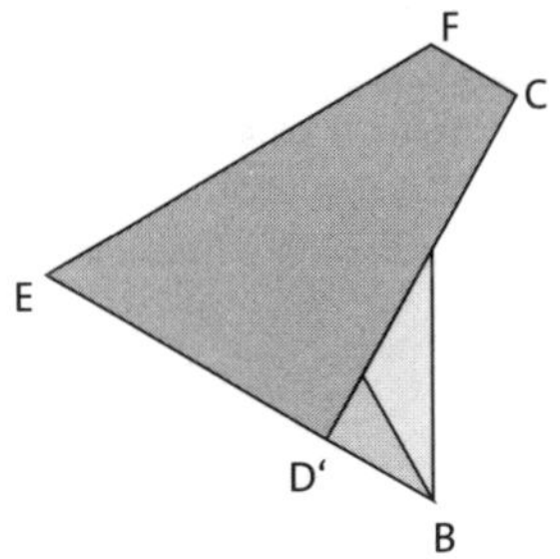

10.

Ein rechteckiges Papier ABCD wird wie folgt gefaltet:

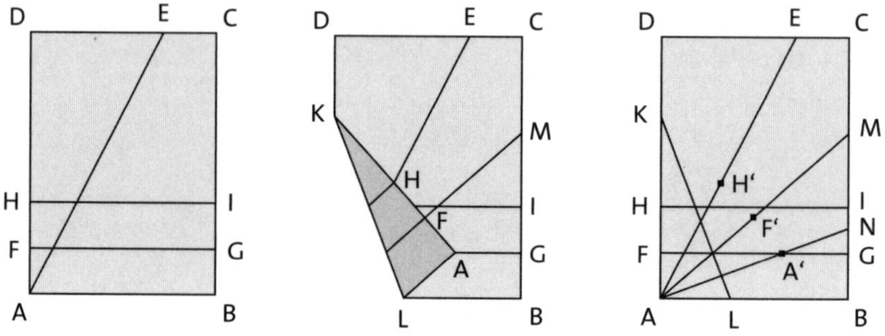

- Wähle einen Punkt E auf der Seite DC, falte die Strecke AE. Falte die Strecken FG und HI parallel zur Seite AB mit AF = FH.
- Falte den Punkt H auf die Strecke AE (Punkt H') und gleichzeitig A auf FG (Punkt A').
- Falte die Strecke AM durch den Punkt F' und AN durch A'.

Beweise, dass ∢ BAE durch die Faltlinien AN und AM gedrittelt wird.

11.

Bestimme einen Punkt im Inneren eines spitzwinkligen Dreiecks so, dass die Summe seiner Abstände zu den Eckpunkten möglichst klein ist.

Lösungen

(Aufgaben Seite 29–32)

1.

Die rechtwinkligen Dreiecke CGH und EFB werden durch eine 90°-Drehung um den Punkt C bzw. eine (–90°)-Drehung um den Punkt B auf die Dreiecke CJA bzw. AKB abgebildet.
Das Viereck JKBC ist ein Rechteck mit GH + EF = JA + AK = BC.

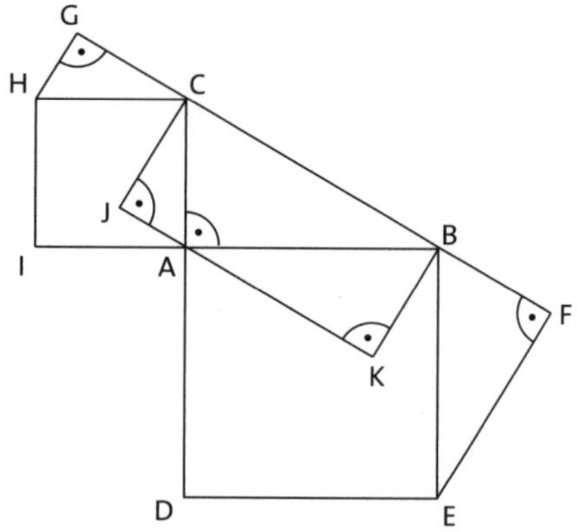

2.
Das Dreieck ECB kann durch eine 60°-Drehung um den Punkt C auf das Dreieck ACD abgebildet werden. Dabei wird die Seitenhalbierende CG auf CF abgebildet. Mit $\sphericalangle$ GCF = 60° folgt, dass das Dreieck CGF gleichseitig ist.

3.
Das Dreieck AME wird durch eine (–90°)-Drehung um M auf das Dreieck CMB abgebildet. Folglich stehen die Geraden AE und BC senkrecht aufeinander, der Schnittpunkt sei S. Nach dem Satz von Thales liegt der Punkt S auf beiden Kreisen, somit gilt S = N.

4.
Durch eine (–60°)-Drehung um den Punkt C wird das Dreieck ABC auf das Dreieck DEC abgebildet. Folglich gilt AB = DE.

5.
Durch eine 60°-Drehung um den Punkt A werden der Punkt E auf den Punkt B und der Punkt H auf den Punkt D abgebildet. Also gilt EH = BD. Eine 60°-Drehung um C ergibt FG = BD. Also ist EH = FG. Entsprechend folgt EF = HG. Somit ist EFGH ein Viereck mit gleich langen Gegenseiten, also ein Parallelogramm.

6.
Betrachtet man den Streckenzug ACA‘C‘A“C“ und vollzieht die Drehung der Strecke AC unter Berücksichtigung der Orientierung der Winkel nach, so folgt: $2\gamma + 2\alpha - 2\gamma - 2\alpha = 0$. Also gilt AC||A“C“.

7.
a) Die Gerade g wird durch eine 60°-Drehung um den Punkt A auf die Gerade g‘ abgebildet, deren Schnittpunkt mit der Geraden h den Punkt C ergibt. Eine (–60°)-Drehung um den Punkt A überführt den Punkt C in den Punkt B auf der Geraden g.

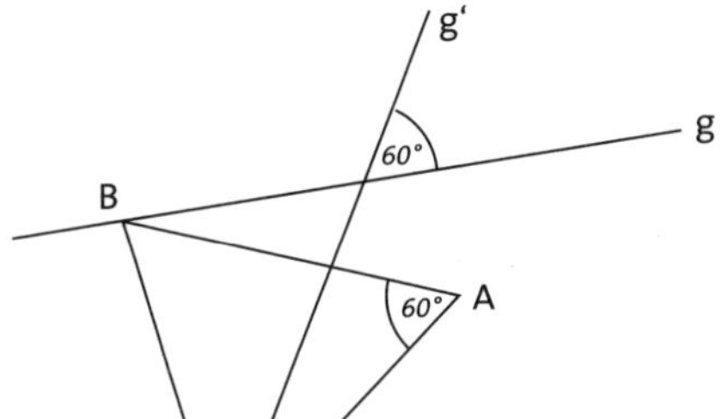

b) Sei D ein Punkt der Geraden h. Durch eine 90°-Drehung um den Punkt D wird die Gerade l auf die Gerade l' abgebildet. Sei C der Schnittpunkt der Geraden g und l'. Durch eine (–90°)-Drehung um den Punkt D erhält man aus Punkt C den Punkt A auf der Geraden l. Eine (–90°)-Drehung um den Punkt A bildet den Punkt D auf den Punkt B ab.

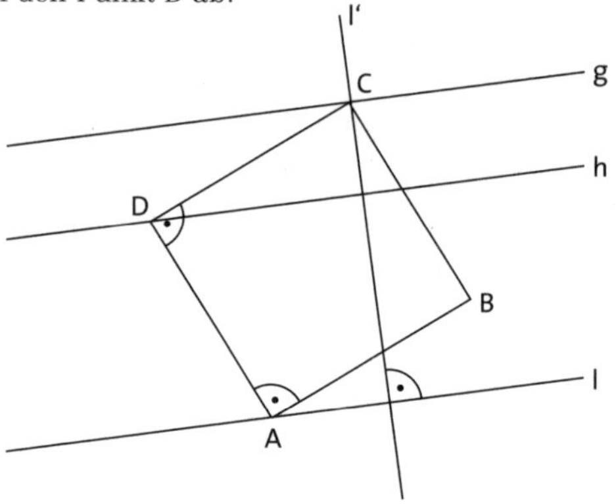

8.

Drehe die Strecke AB um 90° um A nach Punkt B'. Fälle das Lot von Punkt B auf die Gerade B'C, der Lotfußpunkt sei D. Spiegele den Punkt B' am Punkt A nach B". Fälle das Lot durch B" auf die Gerade DB, der Lotfußpunkt sei G. Durch eine (–(+)90°)-Drehung der Strecke DG um D (G) erhält man Punkt E (F) auf der Geraden B'C (B"G).

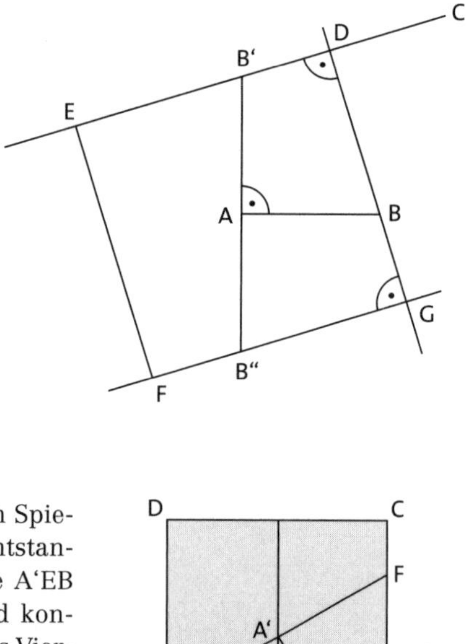

9.

Lösen durch Falten: Dreieck A'EB ist durch Spiegelung des Dreiecks ABE an der Seite EB entstanden, somit Δ A'EB = Δ ABE. Die Dreiecke A'EB und A'BF mit gemeinsamer Seite A'B sind kongruent, da der Punkt A auf die Mittellinie des Vierecks ABCD gefaltet wurde und damit EA' = A'F und A'B⊥EF gelten. Folglich ist Δ A'BF = Δ A'EB = Δ ABE. Der Winkel bei B wird gedrittelt. Somit wird ∢ CBA durch die Faltlinie EB im Verhältnis 2 : 1 geteilt.

Das Dreieck EBF ist gleichseitig, da A'B ⊥EF, EA' = A'F und ∢ FBE = 60° gelten.

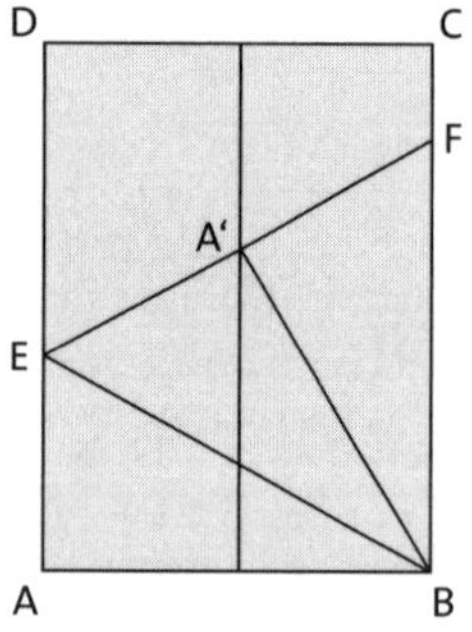

10.

Faltet man den Punkt H auf H‘ und den Punkt A auf A‘, dann gelten AF = A‘F‘ = FH = F‘H‘ und AF‘⊥A‘H‘. Folglich sind die Dreiecke F‘H‘A und F‘AA‘ kongruent mit ∢ F‘AH‘ = ∢ A‘AF‘. Sei O der Fußpunkt des Lotes von Punkt A‘ auf die Seite AB.

Mit FG||AB folgt OA‘ = AF. Somit sind die Dreiecke OA‘A und F‘AA‘ kongruent mit ∢ OAA‘ = ∢ A‘AF‘. Folglich wird ∢ BAE durch die Faltlinien AN und AM gedrittelt.

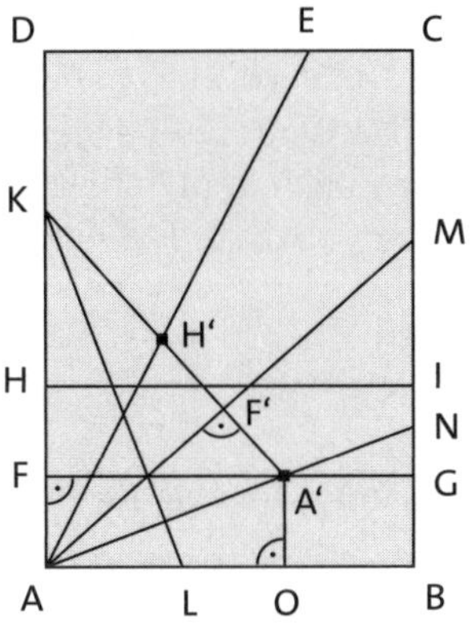

11.

Gegeben sei ein Punkt F im Inneren des Dreiecks ABC. Das Dreieck AFC wird durch eine 60°-Drehung um den Punkt A in das Dreieck AF‘B‘ überführt. Für die Abstandssumme des Punktes F zu den Punkten A, B und C gilt: AF + BF + CF = FF‘ + BF + B‘F‘. Die Länge des Streckenzugs BFF‘B‘ wird minimal, wenn er gerade ist. Da der Punkt B‘ unabhängig von Punkt F ist, muss der gesuchte Punkt F auf der Strecke BB‘ liegen.

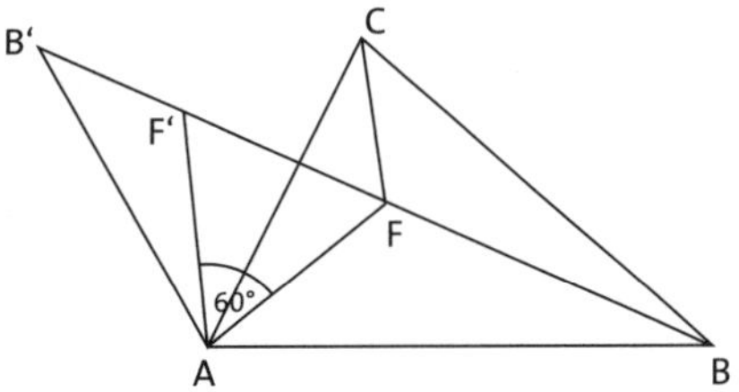

Konstruiert man entsprechend die Punkte A‘ und C‘, so schneiden sich die Strecken AA‘, BB‘ und CC‘ im gesuchten Punkt F.

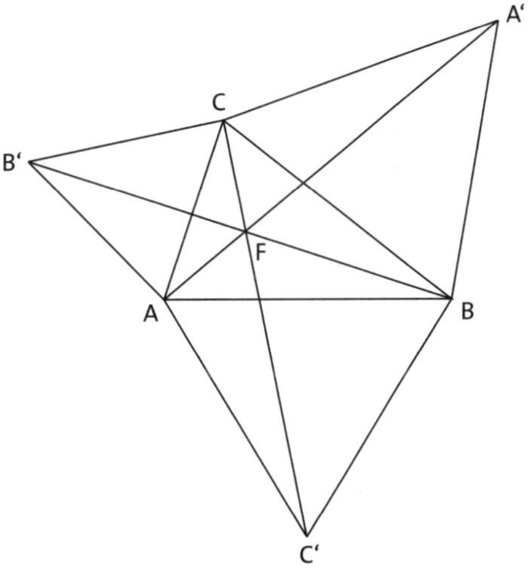

3. Falsche Beweise

Das Verblüffende an falschen Beweisen ist, dass sie intuitiv als richtig empfunden werden, das Bewiesene allerdings den Erfahrungen widerspricht. Die Suche nach dem Fehler im Beweis erfordert eine genaue Reflexion über die gezogenen Schlussfolgerungen.

Aufgaben

1.

Behauptung: Es existiert ein Dreieck mit zwei rechten Winkeln.

Beweis: Zeichne zwei Kreise, die sich in den Punkten A und B schneiden und ziehe die Durchmesser BC und BD. Die Strecke CD schneidet die beiden Kreise in den Punkten E und F. Nach dem Satz von Thales sind ∢ DEB und ∢ BFC rechte Winkel. Folglich hat das Dreieck EFB zwei rechte Winkel.

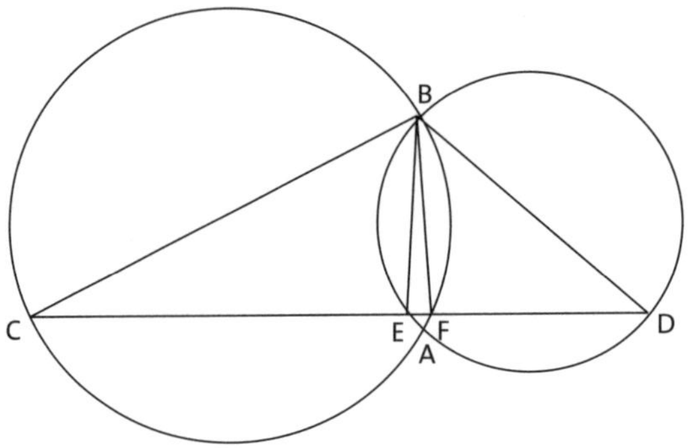

2.

Behauptung: Alle Dreiecke sind gleichschenklig.

Beweis: Im Dreieck ABC schneiden sich die Mittelsenkrechte MD der Seite AB und die Winkelhalbierende von ∢ ACB im Punkt M. Von M werden die Lote auf die Seiten AC und BC gefällt, die Lotfußpunkte seien F bzw. E. Das Dreieck ABC wird somit in sechs Teildreiecke zerlegt, die paarweise kongruent sind: Die Dreiecke MAD und MDB sind kongruent, da AD = DB, MD = MD und ∢ MDA = ∢ BDM = 90° gelten. Die Dreiecke MCF und MEC sind kongruent, da alle Winkel gleich groß sind und sie eine gemeinsame Seite MC haben, die jeweils dem rechten Winkel gegenüberliegt. Die verbleibenden zwei Teildreiecke MFA und MBE sind kongruent, da die Seiten MA und MB bzw. MF und ME gleich lang sind und der Winkel, welcher der größeren Seite gegenüberliegt, jeweils 90° ist.

Aus der Kongruenz der Dreiecke folgen FC = EC und AF = BE, somit AC = BC. Folglich ist das Dreieck ABC gleichschenklig.

Dieser Beweis gilt auch, wenn der Punkt M außerhalb des Dreiecks ABC liegt.

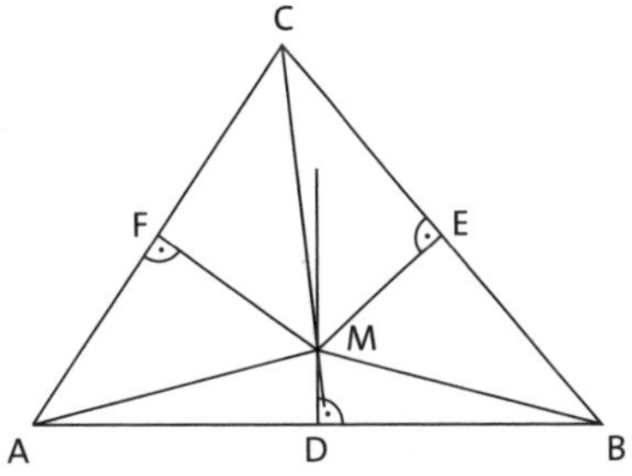

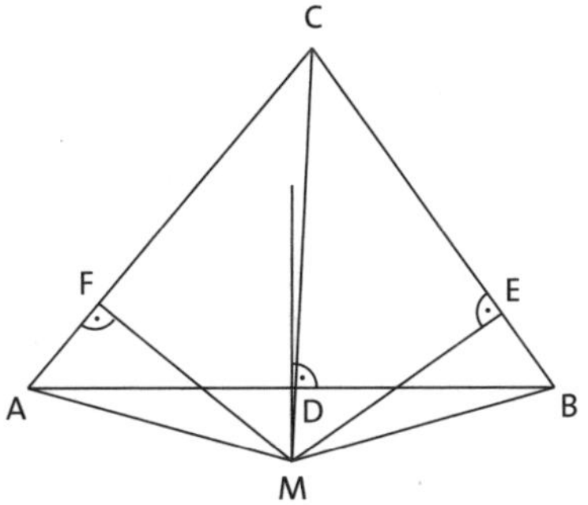

3.

Behauptung: Ein rechter Winkel ist gleich einem stumpfen Winkel.

Beweis: Gegeben sei ein Viereck ABCD mit ∢ ADC = 90° und ∢ DCB > 90°. Außerdem seien die Strecken AD und BC gleich lang. Errichtet man die Mittelsenkrechten auf den Seiten AB und DC, so schneiden sich diese im Punkt E. Es gelten EA = EB und EC = ED. Folglich sind die Dreiecke AED und BCE kongruent, somit ∢ ADE = ∢ ECB. Da zusätzlich ∢ CDE = ∢ ECD im gleichschenkligen Dreieck DCE gilt, folgt ∢ ADC = ∢ DCB. Somit ist ein rechter Winkel gleich einem stumpfen Winkel.

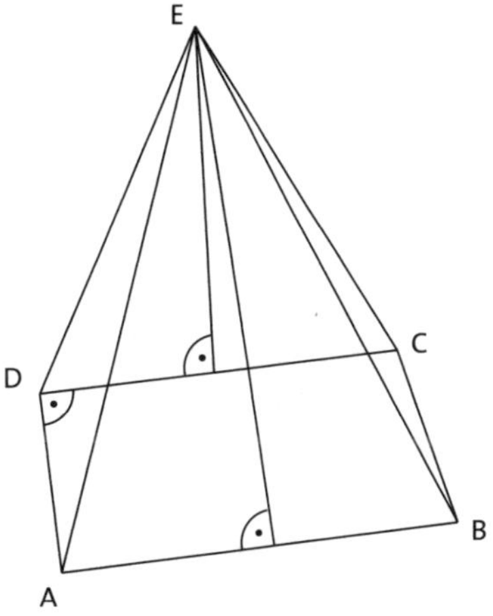

4.

Behauptung: Alle Kreise haben gleichen Umfang.

Beweis: Zwei beliebige Kreise werden wie in der Abbildung dargestellt fest miteinander verbunden. Der größere Kreis rollt auf der Strecke AB ab. Da beide Kreise fest miteinander verbunden sind, dreht sich der kleinere Kreis während einer einmaligen Umdrehung des größeren auch nur einmal und legt dabei die Strecke CD = AB zurück. Folglich sind die Umfänge beider Kreise gleich.

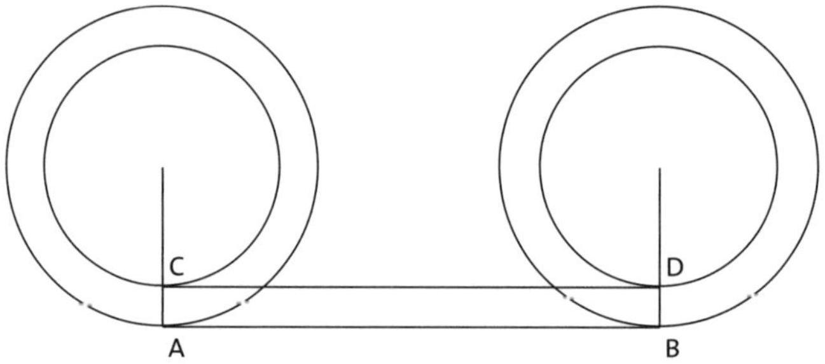

Lösungen

(Aufgaben Seite 36–38)

1.

Der Punkt A liegt auf beiden Kreisen mit Durchmesser BC und BD. Nach dem Satz von Thales gelten folglich ∢ BAC = ∢ DAB = 90°, also ∢ DAC = 180°. Da es keine zweite Gerade geben kann, welche die Punkte C und D verbindet, gilt E = F = A. Der angegebene Beweis ist somit falsch.

2.

Die Winkelhalbierende von ∢ ACB und die Mittelsenkrechte der Strecke AB schneiden sich immer außerhalb des (nicht gleichschenkligen) Dreiecks ABC. Die im Beweis angegebene Abbildung, für den Fall, dass sie sich außerhalb des Dreiecks schneiden, ist falsch, da immer ein Lot ME oder MF außerhalb des Dreiecks verlaufen muss.

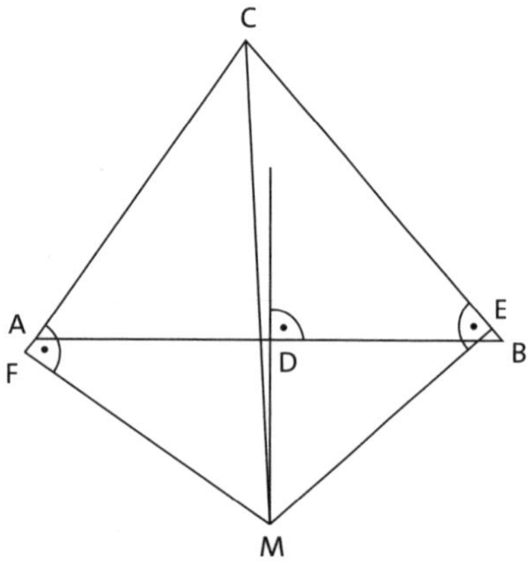

3.

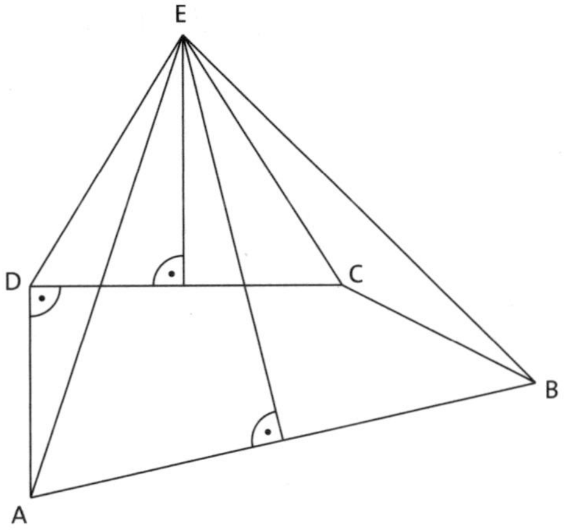

In der Beweisfigur verlaufen die Strecken EA und EB innerhalb des Fünfecks ABCED. Konstruiert man den Punkt E unter den Bedingungen $\sphericalangle$ ADC = 90° und $\sphericalangle$ DCB > 90°, so stellt man fest, dass die Strecke EA innerhalb und EB außerhalb des Fünfecks verlaufen.
Folglich wird beim vorgestellten Beweis aus der Kongruenz der Dreiecke AED und BCE die falsche Schlussfolgerung ($\sphericalangle$ ADE = $\sphericalangle$ ECB) gezogen. Es muss $\sphericalangle$ ADE = $\sphericalangle$ BCE gelten, woraus nicht mehr die Gleichheit von $\sphericalangle$ ADC und $\sphericalangle$ DCB gefolgert werden kann.

4.
Der große Kreis rollt auf der Strecke AB ab, während der zweite Kreis auf der Strecke CD rutscht.

III. Zahlentheoretische Probleme

Aufgaben zur Teilbarkeit, Fragen zu Quadrat- und Primzahlen oder Probleme mit elementaren zahlentheoretischen Eigenschaften sind leicht verständlich und erfordern zur Lösung keine umfangreichen mathematischen Vorkenntnisse. Solche Aufgaben kommen häufig bei mathematischen Wettbewerben vor. Sie sind gut geeignet für die Schule, da sie auch von jüngeren Schülerinnen und Schülern gelöst werden können und trotzdem für ältere noch eine Herausforderung darstellen.

Als Vorbereitung auf das Aufgabenmaterial wird an einem Beispiel gezeigt, wie mit Hilfe der Primfaktorzerlegung einer Zahl die Anzahl ihrer Teiler bestimmt werden kann.

Beispiel

Es gilt $360 = 2^3 \cdot 3^2 \cdot 5$. Die Anzahl der Teiler von 360 ist:
$(3 + 1) \cdot (2 + 1) \cdot (1 + 1) = 24$.
Begründung: Die Auswahl eines Teilers ist ein Mehrstufenprozess. Die Primzahl 2 kann im Teiler 0-, 1-, 2- oder 3-mal vorkommen; 3 kommt 0-mal, 1-mal oder 2-mal vor und 5 demnach 0- oder 1-mal.

Sucht man Zahlen mit 12 Teilern, so ergibt sich z. B. aus $12 = 4 \cdot 3$ die Zahl $2^3 \cdot 3^2 = 56$ oder aus $12 = 6 \cdot 2$ die Zahl $2^5 \cdot 3 = 96$.

Hinweis: Das Produkt mit den Faktoren a und b wird $a \cdot b$ geschrieben. Mit ab oder abc werden im Folgenden zwei- bzw. dreistellige Zahlen bezeichnet, d. h. es gilt $ab = 10 \cdot a + b$ und $abc = 100 \cdot a + 10 \cdot b + c$.

Die Aufgabe: „Zeige $91 | ab0ab$" bedeutet, dass bewiesen werden soll: „Alle Zahlen der Form 32032, 77077 usw. sind durch 91 teilbar." (Es gilt: $ab0ab = ab \cdot 1001 = ab \cdot 91 \cdot 11$.)

Aufgaben

1.

a) Warum sind alle 6-stelligen Zahlen der Form *abcabc* durch 13 teilbar?

b) Zeige: Alle 8-stelligen Zahlen *abcdabcd* sind durch 73 und 137 teilbar.

c) Welches ist die kleinste dreistellige Zahl *abc*, die durch 13 teilbar ist und bei der auch *cba* Vielfaches von 13 ist?

d) Zeige: Wenn *abc* durch 37 teilbar ist, dann ist es auch *bca*.

e) Zeige: Für alle natürlichen Zahlen n ist $n^3 + 5n$ und $n\,(n+1)\,(2n+1)$ durch 6 teilbar.

f) Zeige: Sind r und s natürliche Zahlen, so ist eine der Zahlen $r, s, r+s, r-s$ durch 3 teilbar.

2.

a) Wann ist die vierstellige Zahl *abcd* durch 9 teilbar?

b) Wann ist die 5-stellige Zahl *abcde* durch 11 teilbar?

c) Zeige: Die 3-stellige Zahl *abc* ist genau dann durch 7 teilbar, wenn $2a + 3b + c$ durch 7 teilbar ist. Finde ein entsprechendes Teilbarkeitskriterium für 4-stellige Zahlen *abcd*.

d) Es sei *abc* eine 3-stellige Zahl. Zeige, dass *abc* – *cba* durch 99 teilbar ist.

e) Sei $a \geq d$. Zeige, dass *abcd* – *dcba* Vielfaches von 9 ist.

f) Zeige: Eine natürliche Zahl n mit der Einerziffer e ist genau dann durch 7 teilbar, wenn $\frac{n-e}{10} - 2 \cdot e$ durch 7 teilbar ist.

3.

a) Der Zahl 10 soll links und rechts je eine Ziffer so angehängt werden, dass die so erhaltene Zahl durch 72 teilbar ist.

b) Ersetze in a) 10 durch 43 und 72 durch 45.

4.

Finde die kleinste Zahl mit

- 100 Teilern,
- 96 Teilern.

5.

a) Die beiden Mengen {1, 2, 3, 4, 5} und {5, 7, 8, 11, 13} haben die Eigenschaft, dass es drei Zahlen gibt, deren Summe durch 3 teilbar ist, nämlich 1 + 2 + 3 bzw. 5 + 8 + 11.

Zeige, dass es unter fünf Zahlen immer drei gibt, deren Summe ein Vielfaches von 3 ist.

b) Bei der 6-stelligen Zahl 715716 bilden die ersten drei Ziffern eine Zahl, die um 1 kleiner ist als die Zahl aus den letzten drei Ziffern. Die Zahl ist eine Quadratzahl: $715716 = 846^2$.
Solche Zahlen findet man folgendermaßen: Sei x die 3-stellige Zahl aus den ersten drei Ziffern und y^2 die gesuchte Zahl. Dann gilt:
$y^2 = 10^3 \cdot x + x + 1$, also $(y + 1)(y - 1) = 7 \cdot 11 \cdot 13 \cdot x$.
Wegen $y < 1000$ können höchstens zwei der drei Primzahlen 7, 11 und 13 in einem der beiden Faktoren $y + 1$ und $y - 1$ vorkommen. Setzt man zum Beispiel $y + 1 = 7 \cdot 11 \cdot r$ und $y - 1 = 13 \cdot s$, so muss $77 \cdot r - 13 \cdot s = 2$ gelten. Aus der Lösung $r = 11$, $s = 65$ folgt $y = 846$ und $y^2 = 715716$.

Finde entsprechend die drei weiteren 6-stelligen Zahlen mit diesen Eigenschaften.

c) Sei n eine natürliche Zahl.

Wie findet man die ganzzahligen Lösungen der Gleichung $\frac{1}{x} + \frac{1}{y} = \frac{1}{n}$?

Zum Beispiel für $n = 14$ sind $(x, y) = (7, -14), (15, 210), (28, 28), (-182, 13)$ Lösungen.

6.

a) Für welche Ziffer a ist die 5-stellige Zahl $5aaaa$ durch 6 teilbar?

b) Wie muss die letzte Ziffer a in $54632416a$ gewählt werden, damit die Zahl durch 6 teilbar ist?

c) Das Produkt von je zwei der Zahlen 30, 72 und x ist durch die dritte teilbar. Welche ist die kleinste Zahl x, für die das gilt?

d) Jemand klappt ein Buch auf und bemerkt, dass das Produkt der beiden Seitenzahlen 4422 ist. Welche Seitenzahl hat die linke Buchseite?

e) Das Produkt $abcba \cdot 99999$ endet auf 705. Entziffere $abcba$.

7.

Die Zahl 198 ist 11-mal so groß wie ihre Quersumme: $198 = 11 \cdot (1 + 9 + 8)$. Wie findet man solch eine 3-stellige Zahl abc?

Antwort: Aus $100 \cdot a + 10 \cdot b + c = 11 \cdot (a + b + c)$ folgt $89 \cdot a = 10 \cdot c + b$. Wegen $10 \cdot c + b \leq 99$ ist $a = 1$. Da b wie 89 auf 9 enden muss, gilt $b = 9$ und somit $c = 8$.

a) Bestimme alle 3-stelligen Zahlen, die 13-mal (32-mal) so groß sind wie ihre Quersumme.

b) Gesucht ist die kleinste 2-stellige Zahl, die das Dreifache (Achtfache) ihrer Quersumme ist.

c) Zeige, dass es keine 3-stellige Zahl gibt, die das 9-fache ihrer Quersumme ist.

8.

a) Welches ist der größte echte Teiler von $2^{14} - 1$?

b) Die Zahl $2^{48} - 1$ hat genau zwei Teiler zwischen 60 und 70. Bestimme diese beiden Teiler.

c) Welchen Rest erhält man, wenn 2^{100} durch 5 geteilt wird?

9.

a) Welche 2-stellige Quadratzahl hat genau neun Teiler?

b) Wie muss man a und b $(a \neq b)$ wählen, damit die Zahl $12a3b$ sowohl durch 4 als auch durch 9 teilbar ist?

c) Für welche Ziffer a gilt $a2 \cdot 7a = 6396$?

d) Für welche natürlichen Zahlen r und s, die beide nicht durch 10 teilbar sind, gilt $r \cdot s = 10000$?

e) Die 6-stellige Zahl $33ab2b$ ist durch 275 teilbar. Finde a und b.

10.

a) Wenn man die Zahlen 1059, 1417 und 2312 durch eine bestimmte Zahl d teilt, erhält man jedes Mal den gleichen Rest. Berechne d.

b) Durch wie viele Quadratzahlen ist $2^7 \cdot 3^4 \cdot 5 \cdot 7^2 \cdot 11^3$ teilbar?

c) Finde alle 2-stelligen Zahlen, die doppelt so groß sind wie das Produkt ihrer Ziffern.

d) Kürze den Bruch $\frac{z}{n}$ mit $z = 2\,244\,851\,485\,148\,514\,627$ und $n = 8\,188\,811\,881\,188\,118\,000$.

e) Alle Kinder einer Familie gehen zur Schule, d. h. sie sind mindestens 5 und höchstens 18 Jahre alt. Das Produkt ihrer Alter ist 60060. Wie viele Kinder hat die Familie?

11.

a) Welches ist die kleinste 2-stellige Zahl, die bei Division durch 3, 4 und 5 jedes Mal den Rest 1 hat?

b) Bestimme die kleinste Zahl, die bei Teilung durch 2, 3, 4, 5, 6, 7, 8, 9 und 10 jeweils den Rest 1, 2, 3, 4, 5, 6, 7, 8 bzw. 9 ergibt.

c) Bestimme zwei Zahlen, die bei Teilung durch 3 den Rest 1 und bei Division durch 7 und 11 den Rest 6 haben.

12.

Beispiel: Multipliziert man 2178 mit 4, so erhält man 8712, d. h. die Reihenfolge der Ziffern wird umgekehrt. Wie findet man solch eine 4-stellige Zahl $abcd$, für die $abcd \cdot 4 = dcba$ gilt? Antwort:

1. Schritt: a ist gerade und kleiner als 3, also $a = 2$ und somit: $2bcd \cdot 4 = dcb2$.

2. Schritt: $4 \cdot d$ endet auf 2 und d ist mindestens 8, also $d = 8$ und $2bc8 \cdot 4 = 8cb2$.

3. Schritt: Aus $8000 + 400 \cdot b + 40 \cdot c + 32 = 8000 + 100 \cdot c + 10 \cdot b + 2$ folgt $13 \cdot b + 1 = 2 \cdot c$.

4. Schritt: Wegen $2 \cdot c \leq 18$ ist $b = 1$ und somit $c = 7$. Also ist $abcd = 2178$.

Finde entsprechend die 5-stellige Zahl *abcde*, sodass *abcde* · 4 = *edcba* gilt.

13.

Beispiel: Setzt man bei 857142 die Endziffer 2 an den Anfang, erhält man eine Zahl, die 3-mal kleiner ist:

$857142 = 3 \cdot 285714$

Man findet solch eine 6-stellige Zahl folgendermaßen: Sei x die gesuchte Zahl ohne die Endziffer. Dann gilt $10 \cdot x + 2 = 3 \cdot (2 \cdot 10^5 + x)$, also $x = 85714$.

a) Eine 6-stellige Zahl endet auf 5. Wird die Endziffer an den Anfang gesetzt, so wird die neue Zahl 4-mal größer. Bestimme diese Zahl.

b) Finde die kleinste Zahl mit folgender Eigenschaft: Streicht man die erste Ziffer, wird die Zahl 57-mal kleiner.

c) Eine natürliche Zahl endet auf 6. Setzt man diese 6 an den Anfang, so ist die neue Zahl 4-mal größer als die alte Zahl. Welches ist die kleinste Zahl mit dieser Eigenschaft?

14.

Beispiel: Die Zahl 102564 endet auf 4 und hat folgende Eigenschaft: Setzt man die letzte Ziffer an den Anfang, so erhält man eine Zahl, die 4-mal größer ist als die Ausgangszahl, d. h.

$410256 = 4 \cdot 102564.$

Man findet solch eine Zahl wie folgt: Sei x die gesuchte Zahl ohne die letzte Ziffer, x habe n Ziffern. Dann soll gelten:

$x + 4 \cdot 10^n = 4 \cdot (10 \cdot x + 4)$, also $39 \cdot x = 4 \cdot (10^n - 4)$.

Nun teilt man 10, 100, 1000, … so lange durch 39 bis man den Rest 4 erhält:

10^n	10	100	1000	10000	100000
Rest	10	22	25	16	4

Also ist $x = 4 \cdot \frac{(10^5 - 4)}{39} = 10256.$

a) Eine Zahl endet auf 2. Setzt man diese 2 an den Anfang, so erhält man eine Zahl, die 2-mal größer ist.

b) Finde die kleinste Zahl mit folgender Eigenschaft: Setzt man die erste Ziffer ans Ende, so ergibt sich eine Zahl, die 1,5-mal größer ist als die ursprüngliche Zahl.

c) Gesucht ist die kleinste Zahl mit der Eigenschaft: Setzt man die letzte Ziffer nach vorne, erhält man eine Zahl, die 9-mal größer ist.

15.

Eine natürliche Zahl mit genau zwei Teilern heißt Primzahl.

Welche natürlichen Zahlen haben
a) genau drei Teiler,
b) genau vier Teiler,
c) eine ungerade Anzahl von Teilern?

16.

a) Zeige, dass sich jede Primzahl größer als 3 darstellen lässt als $6n + 1$ oder $6n - 1$.

b) Beweise: Wenn man eine Primzahl $p > 5$ durch 30 teilt, ist der Rest ebenfalls eine Primzahl oder 1. Zeige: Teilt man p^2 durch 30, so ist der Rest 1 oder 19.

c) Wenn $p > 3$ eine Primzahl ist, dann ist $p^2 - 1$ durch 24 teilbar.

d) Zeige: Wenn p und q Primzahlen mit $p \geq q \geq 5$ sind, so ist $p^2 - q^2$ immer durch 24 teilbar.

e) Beweise: Wenn $p \geq 5$ eine Primzahl ist, dann ist $p^2 + 2$ keine Primzahl.

f) Die Zahlen 1, 2, 3, 4 können als Differenzen von Primzahlen auftreten: $3 - 2 = 1, 5 - 3 = 2, 5 - 2 = 3, 7 - 3 = 4$.
Welche ist die kleinste Zahl, die nicht Differenz von zwei Primzahlen sein kann?

g) Die Ziffern der Primzahl 23 sind ebenfalls Primzahlen. Welche ist die größte 2-stellige Primzahl, deren Ziffern auch Primzahlen sind?

h) Bei welchen n-Ecken ist die Anzahl der Diagonalen eine Primzahl?

i) Zeige, dass $n^4 + 4$ für $n > 1$ keine Primzahl ist.

j) Welche ist die kleinste Zahl n, für die das Produkt $13 \cdot 17 \cdot n$ gleich dem Produkt aus drei aufeinander folgenden Zahlen ist?

17.

a) Das Quadrat einer Zahl besteht aus den Ziffern 0, 2, 3, 5. Bestimme sie.

b) Welche 4-stellige Quadratzahl hat die Form *aabb*?

c) Für zwei Zahlen, deren Differenz 2 ist, gilt: Die Differenz ihrer Quadrate ist ein Quadrat, z. B. $5^2 - 3^2 = 4^2, 17^2 - 15^2 = 8^2$. Finde weitere solche Zahlen.

d) Welche Quadratzahlen zwischen 1000 und 2000 haben bei Division durch 5 den Rest 4?

e) Welche 3-stellige Quadratzahl hat genau 15 Teiler?

f) Zeige: Wenn n Summe von zwei Quadratzahlen ist, dann auch $2n$.

Beispiel:
$25 = 3^2 + 4^2$ und $2 \cdot 25 = 1^2 + 7^2$
$52 = 4^2 + 6^2$ und $2 \cdot 52 = 2^2 + 10^2$

g) Die Primzahlen 5, 11 und 13 lassen sich als Differenz von zwei Quadratzahlen darstellen: $5 = 3^2 - 2^2, 11 = 6^2 - 5^2, 13 = 7^2 - 6^2$.
Gilt dies für alle ungeraden Primzahlen?

h) Es gilt $35 = 3^2 + 5^2 + 1$. Für welche anderen 2-stelligen Zahlen gilt, dass sie um 1 größer sind als die Summe ihrer Ziffernquadrate?

i) Welche Primfaktorzerlegung hat $n = 1\,005\,010\,010\,005\,001$?

j) Für die Quadratzahlen $25^2 = 625, 13^2 = 169, 16^2 = 256, 17^2 = 289$ gilt: Das Produkt der beiden letzten Ziffern ist immer gerade. Beweise, dass dies für alle Quadratzahlen gilt, indem Folgendes gezeigt wird: Ist die Zehnerziffer ungerade, so ist die Einerziffer 6.

18.

a) Es gilt $9 - 3 = \frac{9 + 3}{2}$.
Für welche anderen zwei Zahlen gilt, dass ihre Differenz gleich ihrem arithmetischen Mittel ist?

b) Finde eine 4-stellige Zahl *abcd* mit folgender Eigenschaft: Setzt man einen Dezimalpunkt zwischen *b* und *c*, so ist diese neue Zahl das arithmetische Mittel von *ab* und *cd*.

c) Es gilt $3 \cdot 4 \cdot 5 + 4 = 64 = 4^3$, d. h. multipliziert man drei aufeinander folgende Zahlen und addiert die mittlere, so erhält man eine Kubikzahl. Welche anderen Zahlen ergeben ebenfalls Kubikzahlen?

d) Gegeben sind vier natürliche Zahlen, von denen jede um d größer ist als die vorangegangene. Zeige: Multipliziert man diese vier Zahlen und addiert d^4, so erhält man immer eine Quadratzahl.

Beispiel:
$d = 1$: $2 \cdot 3 \cdot 4 \cdot 5 + 1^4 = 221 = 11^2$
$d = 2$: $7 \cdot 9 \cdot 11 \cdot 13 + 2^4 = 9025 = 95^2$
$d = 3$: $1 \cdot 4 \cdot 7 \cdot 10 + 3^4 = 361 = 19^2$

19.

a) Welches ist die Endziffer der Summe $(1!)^2 + (2!)^2 + (3!)^2 + ... + (10!)^2$?

b) Welches ist die letzte Ziffer von 7^{2005}?

c) Welche Einerziffer hat $3^{2005} - 2^{2005}$?

d) Welches sind die beiden letzten Ziffern von 2^{2005}?

e) Welches ist die Endziffer von $3^{2003} \cdot 7^{2004} \cdot 13^{2005}$?

f) Bei den folgenden Potenzen von 3 ist die zweitletzte Ziffer gerade: 27, 81, 243, 729, 2187. Gilt dies für alle 3er Potenzen?

20.

a) Ein Zauberer lässt – ohne hinzuschauen – einen Zuschauer drei Würfel werfen. Dann gibt er folgende Anweisungen: Multipliziere eine der Augenzahlen mit 2 und addiere 5. Multipliziere das Ergebnis mit 5 und addiere eine zweite Augenzahl. Multipliziere das Ergebnis mit 10 und addiere die dritte Augenzahl. Der Zauberer lässt sich das Endergebnis nennen und kann sofort die drei gewürfelten Zahlen nennen.

Erkläre den Trick.

b) Ein Zauberer fordert eine Zuhörerin auf, sich eine 3-stellige Zahl (abc) zu denken. Danach muss sie die Zahlen acb, bac, bca, cab und cba bilden, alle fünf addieren und dem Zauberer die Summe s nennen. Aus s kann der Zauberer die gedachte Zahl abc berechnen, und zwar aufgrund folgender Überlegung: Es gilt $s + abc = 222 \cdot (a + b + c)$. Da $0 < abc < 1000$, sucht man alle Vielfachen von 222, die zwischen s und $s + 1000$ liegen, d. h. man bestimmt alle n für die $s < n \cdot 222 < s + 1000$ gilt. Dann wählt man jenes n aus, dessen Quersumme mit der von $abc = 222 \cdot n - s$ übereinstimmt. Dabei ist hier mit Quersumme eine einstellige Zahl gemeint, z. B. sei die Quersumme von 798 nicht 24 sondern 6.

Beispiel: Sei $s = 4341$. Dann gilt:
$4341 < n \cdot 222 < 4341 + 1000$ für $n = 20, 21, 22, 23$ und 24.
Nur für $n = 24$ hat $24 \cdot 222 - 4341 = 987$ die Quersumme 6. Die gesuchte Zahl ist daher $abc = 987$.
Man kann sich die Suche nach den Quersummen ersparen, denn es gilt:
$2 \cdot s = 9 \cdot (27 \cdot a + 47 \cdot b + 49 \cdot c) + (a + b + c)$.
Im Beispiel hat $2 \cdot s = 8682$ die Quersumme 6, sodass man sofort $n = 24$ auswählen kann.

Berechne abc, wenn für $s = 3194$ bzw. $s = 1110$ genannt wurde.

Lösungen

(Aufgaben Seite 41–48)

1.

a) $abcabc = abc \cdot 1001 = abc \cdot 7 \cdot 11 \cdot 13$
b) $abcdabcd = abcd \cdot 10001 = abcd \cdot 73 \cdot 137$
c) 13 muss Teiler von $abc - cba = 99 \cdot (a - c)$ sein, also ist $a = c$.
Aus $aba = 7 \cdot 13 \cdot a + 10 \cdot (a + b)$ folgt $a + b = 13$ und als kleinste Zahl $abc = 494$.
d) $bca = 10 \cdot abc - 999 \cdot a = 10 \cdot abc - 37 \cdot 27 \cdot a$
e) Es gilt $n^3 + 5n = n^3 - n + 6n = (n - 1) \cdot n \cdot (n + 1) + 6n$ und
$n(n + 1)(2n + 1) = (n - 1)\, n\, (n + 1) + n\, (n + 1)\, (n + 2)$.
Von drei aufeinander folgenden Zahlen ist eine durch 3 teilbar und mindestens eine gerade.
f) Sind weder r noch s durch 3 teilbar, so ist $r = 3 \cdot p \pm 1$ und $s = 3 \cdot q \pm 1$. Summe oder Differenz sind dann durch 3 teilbar.

2.

a) Die Quersumme $a + b + c + d$ muss durch 9 teilbar sein, denn es gilt:
$abcd = 9 \cdot (111 \cdot a + 11 \cdot b + c) + (a + b + c + d)$.
b) Die alternierende Quersumme $a - b + c - d + e$ muss durch 11 teilbar sein, denn es gilt $abcde = 11 \cdot (909 \cdot a + 91 \cdot b + 9 \cdot c + d) + (a - b + c - d + e)$.

c) Es gilt $abc = 100 \cdot a + 10 \cdot b + c = 7 \cdot (14 \cdot a + b) + (2a + 3b + c)$.
Aus $abcd = 7 \cdot (143 \cdot a + 14 \cdot b + c) + (d + 2 \cdot b + 3 \cdot c - a)$ folgt, dass $abcd$ durch 7 teilbar ist, wenn $d + 2 \cdot b + 3 \cdot c - a$ durch 7 teilbar ist.

d) $abc - cba = 99 \cdot (a - c)$

e) $abcd - dcba = 9 \cdot (111 \cdot a + 10 \cdot b - 10 \cdot c - 111 \cdot d)$

f) Sei $a = n : 7$ und $b = \left(\frac{n - e}{10} - 2 \cdot e\right) : 7$.
Dann gilt $70 \cdot b = 7 \cdot a - 21 \cdot e$, also ist a genau dann eine ganze Zahl, wenn b ganzzahlig ist.

3.

a) $a10b$ muss durch 8 und 9 teilbar sein. Aus $8|10b$ und $9|a + b + 1$ folgt $a = b = 4$ und somit $a10b = 4104 = 72 \cdot 57$.

b) $a43b$ muss durch 5 und 9 teilbar sein. Aus $b = 0$ oder $b = 5$ und $9|a + b + 7$ folgt $a = 2$ oder $a = 6$. Also ist $a43b$ entweder $2430 = 45 \cdot 54$ oder $6435 = 45 \cdot 143$.

4.

a) Die Zerlegung $100 = 5 \cdot 5 \cdot 2 \cdot 2$ liefert die kleinste Zahl $2^4 \cdot 3^4 \cdot 5 \cdot 7 = 45360$.

b) Die Zerlegung $96 = 4 \cdot 3 \cdot 2 \cdot 2 \cdot 2$ liefert die kleinste Zahl $2^3 \cdot 3^2 \cdot 5 \cdot 7 \cdot 11 = 27720$.

5.

a) Bei Division durch 3 können die Reste 0, 1 oder 2 auftreten. Verteilt man die fünf Zahlen entsprechend ihren Resten bei Division durch 3 auf drei Schachteln mit den Nummern 0, 1 und 2, so sind entweder in einer Schachtel drei Zahlen – dann ist die Summe durch 3 teilbar – oder in jeder Schachtel ist mindestens eine Zahl, deren Summe ebenfalls durch 3 teilbar ist.

b) $183184 = 428^2$, $328329 = 573^2$, $528529 = 727^2$

c) Aus $\frac{1}{x} + \frac{1}{y} = \frac{1}{n}$ folgt $(x - n) \cdot (y - n) = n^2$.
Die Lösungen ergeben sich, wenn man für $x - n$ und $y - n$ komplementäre Teiler von n^2 wählt.

6.

a) a muss gerade und $5 + 4 \cdot a$ durch 3 teilbar sein. Also $a = 4$ und $54444 = 6 \cdot 9074$.

b) a muss gerade und die Quersumme $31 + a$ durch 3 teilbar sein. Also $a = 2$ oder $a = 8$.

c) Aus $30|72 \cdot x$ und $72|30 \cdot x$ folgt $5|x$ und $12|x$. Also ist die kleinste Zahl $x = 60$.

d) Aus $n \cdot (n + 1) = 4422 = 2 \cdot 3 \cdot 11 \cdot 67$ folgt $n = 66$.

e) Aus $abcba \cdot 99999 = abcba \cdot (10^5 - 1) = abcba00000 - abcba = \ldots 705$ folgt $a = 5$, $b = 9$ und $c = 2$, also $59295 \cdot 99999 = 5929440705$.

7.

a) Aus $100 \cdot a + 10 \cdot b + c = 13 \cdot (a + b + c)$ folgt $29 \cdot a = b + 4 \cdot c$. Da $b + 4 \cdot c \leq 45$, muss $a = 1$ sein. Da b ungerade und $c \geq 5$ sein muss, folgt $b = 1$, $c = 7$ oder $b = 5$, $c = 6$ oder $b = 9$, $c = 5$. Die gesuchten Zahlen sind 117, 156 und 195.
Aus $abc = 32 \cdot (a + b + c)$ folgt $9 \cdot (11 \cdot a + b) = 31 \cdot (a + b + c)$. Also ist die Quersumme durch 9 teilbar und damit auch abc. Also ist abc durch $32 \cdot 9 = 288$ teilbar, d. h. 288, 576 oder 864, wobei alle die Quersumme 18 haben, also $abc = 32 \cdot 18 = 576$.

b) Aus $10 \cdot a + b = 3 \cdot (a + b)$ folgt $7 \cdot a = 2 \cdot b$, also $a = 2$ und $b = 7$.
Es gilt $27 = 3 \cdot (2 + 7)$.
Aus $10 \cdot a + b = 8 \cdot (a + b)$ folgt $2 \cdot a = 7 \cdot b$, also $a = 7$ und $b = 2$.
Es gilt $72 = 8 \cdot (2 + 7)$.

c) Aus $100 \cdot a + 10 \cdot b + c = 9 \cdot (a + b + c)$ folgt $91 \cdot a = 8 \cdot c - b$. Wegen $a \geq 1$ und $8 \cdot c - b \leq 72$ gilt $91 \leq 8 \cdot c - b \leq 72$. Widerspruch!

8.

a) Es gilt $2^{14} - 1 = (2^7 + 1) \cdot (2^7 - 1) = 129 \cdot 127 = 3 \cdot 43 \cdot 127$, also ist $43 \cdot 127 = 5461$ der größte echte Teiler.

b) Es gilt:

$$\begin{aligned} 2^{48} - 1 &= (2^{24} - 1) \cdot (2^{24} + 1) = (2^{12} - 1) \cdot (2^{12} + 1) \cdot (2^{24} + 1) \\ &= (2^6 - 1) \cdot (2^6 + 1) \cdot (2^{12} + 1) \cdot (2^{24} + 1) \\ &= 63 \cdot 65 \cdot (2^{12} + 1) \cdot (2^{24} + 1) \end{aligned}$$

Also sind 63 und 65 die gesuchten Teiler.

c) Es gilt $2^{100} = (2^4)^{25} = 16^{25} = (3 \cdot 5 + 1)^{25}$, also ist der gesuchte Rest 1.

9.

a) $2^2 \cdot 3^2 = 36$

b) Da $3b$ durch 4 teilbar sein muss, ist $b = 2$ oder $b = 6$. Die Quersumme $6 + a + b$ muss 9 oder 18 sein. Wegen $a \neq b$ folgt $a = 1$, also ist die gesuchte Zahl 12136.

c) Da $a \cdot 2$ auf 6 endet, muss $a = 3$ oder $a = 8$ sein. Für $a = 3$ ist das Produkt kleiner als 6000, also gilt $82 \cdot 78 = 6396$.

d) $10^4 = 2^4 \cdot 5^4 = 16 \cdot 625 = r \cdot s$

e) Wegen $275 = 25 \cdot 11$ muss die Zahl durch 5 teilbar sein, also $b = 0$ oder $b = 5$. Wegen $33ab2b = 11 \cdot (30002 + 91 \cdot a + 9 \cdot b) + 2b - a - 2$ muss $2b - a - 2$ durch 11 teilbar sein, also $b = 5$ und $a = 8$.

10.

a) d muss ein gemeinsamer Teiler der Differenzen
$1417 - 1059 = 358$, $2312 - 1417 = 895$, $2312 - 1059 = 1253$ sein.
Wegen $358 = 2 \cdot 179$, $895 = 5 \cdot 179$ und $1253 = 7 \cdot 179$ folgt $d = 179$.

b) In der Primfaktorzerlegung von Quadratzahlen kommen Primzahlen nur mit geraden Exponenten vor, also 2 nur als 2^0, 2^2, 2^4 oder2^6, entsprechend 3, 5, 7 und 11. Also gibt es $4 \cdot 3 \cdot 1 \cdot 2 \cdot 2 = 48$ Teiler, die Quadratzahlen sind.

c) Aus $10 \cdot a + b = 2 \cdot a \cdot b$ folgt, dass b eine gerade Ziffer ist.
Aus $10 \cdot a = b \cdot (2 \cdot a - 1)$ folgt, dass $2 \cdot a - 1$ ein ungerades Vielfaches von 5 ist, d. h. $a = 3$ oder $a = 8$.
Da aus $a = 8$ für $b = \frac{80}{15}$ folgt, ist $ab = 36 = 2 \cdot 3 \cdot 6$ die einzige Zahl.

d) Es gilt $n = 8118 \cdot (10^8 + 1) \cdot (10^4 + 1) \cdot 10^3$ und

$z = (4851 - 4627) \cdot (10^8 + 1) \cdot (10^4 + 1) \cdot 10^4 + 4627 \cdot (10^8 + 1) \cdot (10^4 + 1)$.

Also: $\frac{z}{n} = \frac{224 \cdot 10^4 + 4627}{8118 \cdot 10^3} = \frac{553}{2000}$

e) Aus $60060 = 2 \cdot 2 \cdot 3 \cdot 5 \cdot 7 \cdot 11 \cdot 13$ folgt, dass zwei Kinder 11 und 13 Jahre alt sein müssen und drei weitere 5, 6, 14 oder 6, 7, 10 oder 5, 7, 12 Jahre alt sind. In jedem Fall hat die Familie 5 Kinder.

11.

a) $4 \cdot 3 \cdot 5 + 1 = 61$

b) $2^3 \cdot 3^2 \cdot 5 \cdot 7 - 1 = 2520 - 1 = 2519$

c) Für die gesuchte Zahl n muss es Zahlen p und q geben, sodass $n = 3 \cdot p + 1 = 77 \cdot q + 6$ gilt. Also sind Lösungen der Gleichung $3 \cdot p - 77 \cdot q = 5$ zu suchen. Zum Beispiel sind $(p,q) = (53,2)$ oder $(p,q) = (130,5)$ Lösungen, d. h. $n = 160$ oder $n = 391$.

12.

$21978 \cdot 4 = 87912$

13.

a) Sei x die gesuchte Zahl ohne die Endziffer 5. Dann gilt $4 \cdot (10 \cdot x + 5) = 5 \cdot 10^5 + x$, also $x = 12820$ und $4 \cdot 128205 = 512820$.

b) Sei x die erste Ziffer und y die n-stellige Zahl ohne die erste Ziffer.
Dann gilt: $10^n \cdot x + y = 57 \cdot y$ und somit $10^n \cdot x = 7 \cdot 8 \cdot y$.
Also muss $x = 7$ sein und $y = \frac{10^n}{8} = 125 \cdot 10^{n-3}$.
Die gesuchte Zahl ist dann $10^n \cdot x + y = 7 \cdot 10^n + 125 \cdot 10^{n-3} = 7125 \cdot 10^{n-3}$.
Die kleinste Zahl ergibt sich für $n = 3$, also $7125 = 125 \cdot 57$.

c) Ist x die gesuchte n-stellige Zahl, so gilt $\frac{n-6}{10} + 6 \cdot 10^{n-1} = 4 \cdot x$, also

$x = \frac{2 \cdot (10^n - 1)}{13}$. Für $n = 6$ ist $10^n - 1$ durch 13 teilbar und somit $x = 153846$.

14.

a) Sei x die gesuchte Zahl ohne die Endziffer 2, x habe n Stellen.
Dann gilt $2 \cdot (10 \cdot x + 2) = 2 \cdot 10^n + x$ und somit $19 \cdot x = 2 \cdot (10^n - 2)$. Die Bestimmung von n so, dass 10^n bei Division durch 19 den Rest 2 hat, ergibt $n = 17$.
Also ist die gesuchte Zahl

$$10 \cdot x + 2 = 10 \cdot \frac{2 \cdot 10^{17} - 4}{19} + 2 = 105\,263\,157\,894\,736\,842.$$

b) Sei x die gesuchte Zahl ohne die erste Ziffer y. Wenn x n Stellen hat, gilt:

$\frac{3}{2} \cdot (10^n \cdot y + x) = 10x + y$ und hieraus $17 \cdot x = (3 \cdot 10^n - 2) \cdot y$.

Das kleinste n, für das $3 \cdot 10^n$ bei Division durch 17 den Rest 2 ergibt, ist $n = 15$.
Damit die gesuchte Zahl möglichst klein wird, setzt man $y = 1$, sodass gilt:

$$10^n \cdot y + x = 10^{15} + \frac{3 \cdot 10^{15} - 2}{17} = 1\,176\,470\,588\,235\,294.$$

c) Sei x die Ausgangszahl ohne die letzte Ziffer y.
Hat x n Ziffern, so gilt $9 \cdot (10 \cdot x + y) = 10^n \cdot y + x$ und somit $89 \cdot x = (10^n - 9) \cdot y$.
Da 89 Primzahl ist, muss n so gewählt werden, dass 10^n bei Division durch 89 den Rest 9 hat. Dies gilt für $n = 43$. Setzt man $y = 1$, so ist die gesuchte Zahl

$$10 \cdot x + y = 10 \cdot \frac{10^{43} - 9}{89} + 1 = \frac{10^{44} - 1}{89}.$$

15.

a) Quadrate von Primzahlen; p^2 hat die Teiler 1, p und p^2.

b) Dritte Potenzen von Primzahlen oder das Produkt von zwei verschiedenen Primzahlen; p^3 und $p \cdot q$ haben die Teiler 1, p, p^2, p^3 bzw. 1, p, q, $p \cdot q$.

c) Quadratzahlen, denn Teiler treten immer paarweise auf, d. h. mit d ist auch $\frac{n}{d}$ Teiler von n. Nur bei Quadratzahlen können d und $\frac{n}{d}$ gleich sein.

16.

a) Teilt man m durch 6, so ist der Rest 0, 1, 2, 3, 4 oder 5. Bei den Resten 0, 2, 3 und 4 ist m keine Primzahl. Wegen $m = 6 \cdot k + 5 = 6 \cdot (k + 1) - 1$ gilt $p = 6 \cdot n \pm 1$.

b) Aus $p = 30 \cdot k + r$ folgt, dass 30 und r teilerfremd sein müssen. Die zu 30 teilerfremden Reste sind 1, 7, 11, 13, 17, 19, 23 und 29, d. h. bis auf 1 alles Primzahlen.
Quadriert man diese Reste und teilt sie durch 30, so hat man entweder 1 oder 19 als Rest, zum Beispiel $29^2 = 841 = 30 \cdot 28 + 1$ oder $23^2 = 529 = 30 \cdot 17 + 19$.

c) In $p^2 - 1 = (p + 1) \cdot (p - 1)$ sind die Faktoren aufeinander folgende gerade Zahlen und somit durch 2, 3 und 4 also auch durch 24 teilbar.

d) Nach c) gilt $p^2 - 1 = 24 \cdot n$ und $q^2 - 1 = 24 \cdot m$, also $p^2 - q^2 = 24 \cdot (n - m)$.

e) Mit $p = 6 \cdot n \pm 1$ gilt $p^2 + 2 = 3 \cdot (12n^2 \pm 4n + 1)$.

f) Wegen $7 - 2 = 5$ und $11 - 5 = 6$ kann die gesuchte Differenz nicht kleiner als 7 sein. Die Differenz von zwei ungeraden Primzahlen ist gerade. Da keine Primzahl p existiert mit $p - 2 = 7$, ist 7 die gesuchte Differenz.

g) Die Zehnerziffer kann höchstens 7 sein. Da $77 = 7 \cdot 11$ und $75 = 5 \cdot 15$ ist, ist 73 die gesuchte Primzahl.

h) Die Anzahl der Diagonalen im n-Eck ist $\frac{n \cdot (n - 3)}{3}$ und diese Zahl ist nur für 4- und 5-Ecke eine Primzahl.

i) Es gilt: $n^4 + 4 = n^4 + 4n^2 + 4 - 4n^2 = (n^2 + 2)^2 - (2n)^2 = (n^2 + 2n + 2) \cdot (n^2 - 2n + 2)$.

j) Es gilt: $13 \cdot 4 - 17 \cdot 3 = 52 - 51 = 1$. Also ist $n = 3 \cdot 4 \cdot 50 = 600$ und $13 \cdot 17 \cdot 600 = 50 \cdot 51 \cdot 52$.

17.

a) Quadratzahlen enden auf 0, 1, 4, 5, 6 oder 9. Enden sie auf 0, so muss auch die Zehnerziffer 0 sein. Die gesuchte Zahl endet daher auf 5 und sie muss zwischen 45^2 (< 2035) und 56^2 (> 3205) liegen, d. h. es ist $55^2 = 3025$.

b) Es ist $aabb = 1100 \cdot a + 11 \cdot b = 11 \cdot (99 \cdot a + a + b)$, also ist $a + b = 11$ und somit $aabb = 11^2 \cdot (9 \cdot a + 1)$. Da $9 \cdot a + 1$ nur für $a = 7$ eine Quadratzahl ist, ist $b = 4$ und es gilt $7744 = 88^2$.

c) Wegen $(n + 2)^2 - n^2 = 4\,(n + 1)$ muss $n + 1$ eine Quadratzahl sein. Mit $z^2 := n + 1$ folgt $(z^2 + 1)^2 - (z^2 - 1)^2 = (2z)^2$. Für $z = 2, 3, 4, \ldots$ erhält man beliebig viele Beispiele.

d) Es kommen die Quadrate von 32, 33, …, 44 in Frage. Die Quadratzahlen n^2 müssen auf 4 oder 9 enden, also muss n auf 2, 3, 7 oder 8 enden. Daher sind es die sechs Zahlen 32^2, 33^2, 37^2, 38^2, 42^2 und 43^2.

e) $144 = 2^4 \cdot 3^2$

f) Aus $x^2 + y^2 = n$ folgt $(x + y)^2 + (x - y)^2 = 2n$.

g) Es gilt $p = \left(\frac{p+1}{2}\right)^2 - \left(\frac{p-1}{2}\right)^2$ für alle ungeraden Zahlen.

h) Aus $10 \cdot a + b = a^2 + b^2 + 1$ folgt $(10 - a) \cdot a = b \cdot (b - 1) + 1$. Da die rechte Seite ungerade ist, muss a ungerade sein. Überprüfung von $a = 1, 3, 5, 7$ und 9 liefert die Lösungen $a = 3$ oder 7 und $b = 5$. Also sind 35 und 75 die einzigen Zahlen.

i) Es gilt $n = 1001^5 = 7^5 \cdot 11^5 \cdot 13^5$.

j) Sei n^2 eine Quadratzahl und e die Einerziffer von n. Dann ist $n + e$ gerade und $n - e$ durch 10 teilbar. Also ist $n^2 - e^2 = (n + e) \cdot (n - e)$ durch 20 teilbar. Somit haben n^2 und e^2 gleiche Einerziffern und ihre Zehnerziffern sind beide gerade oder beide ungerade. Im letzteren Fall muss e entweder 4 oder 6 sein, denn die Quadrate aller anderen einstelligen Zahlen haben gerade Zehnerziffern. Also endet c^2 und damit auch a^2 auf 6.

18.

a) Aus $a - b = \frac{1}{2}(a + b)$ folgt $a = 3 \cdot b$, d. h. eine Zahl muss das 3-fache der anderen sein.

b) Aus $\frac{1}{2}(ab + cd) = ab + \frac{cd}{100}$ folgt $ab = cd - \frac{cd}{50}$; also muss cd durch 50 teilbar sein. Da $cd < 100$ folgt $cd = 50$, $ab = 49$ und somit $abcd = 4950$.

c) Wegen $(n - 1) \cdot n \cdot (n + 1) + n = n^3$ gilt dies allgemein.

d) Es gilt $x \cdot (x + d) \cdot (x + 2d) \cdot (x + 3d) + d^4 = (x^2 + 3dx + d^2)^2$.

19.

a) Ab 5! enden alle Summanden auf 0. Die Endziffern davor sind 1, 4, 6 und 6 mit der Summe 17. Die letzte Ziffer ist also 7.

b) Die ersten fünf Potenzen von 7 sind 7, 49, 343, 2401, 16807, d. h. die Endziffern sind periodisch mit der Periode 4. Wegen $2005 = 4 \cdot 501 + 1$ endet 7^{2005} auf 7.

c) Die letzten Ziffern der 3-er Potenzen sind 3, 9, 7, 1, 3, ..., die der 2-er Potenzen 2, 4, 8, 6, 2, ... Wegen $2005 = 4 \cdot 501 + 1$ ist die Endziffer $3 - 2 = 1$.

d) Die letzten beiden Ziffern der 2-er Potenzen sind 2, 4, 8, 16, 32, 64, 28, 56, 12, 24, 48, 96, 92, 84, 68, 36, 72, 44, 88, 76, 52, 04, ... Die Folge hat die Periode 20. Wegen $2005 = 20 \cdot 100 + 5$ sind die letzten beiden Ziffern 32.

e) Jede Potenz von $7 \cdot 13 = 91$ und von $3^4 = 81$ hat die Einerziffer 1. Es gilt $3^{2003} \cdot 7^{2004} \cdot 13^{2005} = 3^3 \cdot 13 \cdot 81^{500} \cdot 91^{2004}$, also ist die gesuchte Endziffer die von $27 \cdot 13 = 351$.

f) Sei 3^n die erste 3-er Potenz mit gerader Zehnerziffer z, d. h. $3^n = \ldots ze$, wobei die Einerziffer e eine der Ziffern 1, 3, 7 oder 9 ist. Multipliziert man beim Übergang von 3^n zu 3^{n+1} die Einerziffer e mit 3, so ergibt sich ein Übertrag von 0 oder 2, d. h. bei 3^{n+1} ist die vorletzte Ziffer ebenfalls gerade.

20.

a) Sind die Augenzahlen x, y und z, so wird
$((2 \cdot x + 5) \cdot 5 + y) \cdot 10 + z = 100 \cdot x + 10 \cdot y + z + 250$
berechnet. Der Zauberer muss von der genannten Zahl nur 250 abziehen, um mit xyz die Augenzahlen zu erhalten.

b) Für $s = 3194$ war $abc = 358$.
$s = 1110$ ergab sich aus $abc = 222$.

IV. Funktionen und Punktmengen im Koordinatensystem

Unterrichtsthemen der 7. und 8. Klasse sind unter anderem auch Gleichungen und lineare Funktionen, die durch systematisches Vorgehen mittels Äquivalenzumformungen und Wertetabellen bearbeitet werden. Ergänzend zu dieser Vorgehensweise werden die graphische Darstellung von Funktionen ohne Zuhilfenahme von Wertetabellen und die zeichnerische Lösung von Gleichungen und Ungleichungen geübt.

Mathematisch begabten Schülerinnen und Schülern eröffnet dieser zeichnerische Zugang eine Möglichkeit, auch anspruchsvollere Funktionen und Punktmengen (Gleichungen und Ungleichungen) im Koordinatensystem darzustellen, die sich mit dem zur Verfügung stehenden Rechenkalkül teilweise nicht bearbeiten lassen. Die Interpretation der Funktionsgleichung als die Anwendung verschiedener Abbildungen (Verschiebungen, Spiegelungen oder Streckungen) auf die Graphen der Funktionen $f(x) = x$ und $f(x) = |x|$ wird in einem ersten Beispiel dargestellt. In einem zweiten Beispiel wird gezeigt, wie Punktmengen auf geeignete Funktionen zurückgeführt werden können, welche die Lösungsmenge beschreiben oder begrenzen. Da bei Punktmengen zu einem x-Wert mehrere y-Werte gehören können, ist die graphische Darstellung im Allgemeinen schwieriger als bei Funktionen.

Nach den beiden einführenden Beispielen folgen Aufgaben, die in der SAMAKA erfolgreich bearbeitet wurden.

1. Beispiele

Funktionen

Verschiebungen, Spiegelungen oder Streckungen des Funktionsgraphen von $f_1(x) = x$ werden im Folgenden durch die Funktionen $f_2, f_3, \ldots, f_8$ gegeben und im Koordinatensystem dargestellt. Die grau abgebildeten Funktionen sind jeweils die Ausgangsfunktionen.

a) $f_2(x) = 2 \cdot x$

Streckung von f_1 mit dem Streckfaktor 2 parallel zur y-Achse

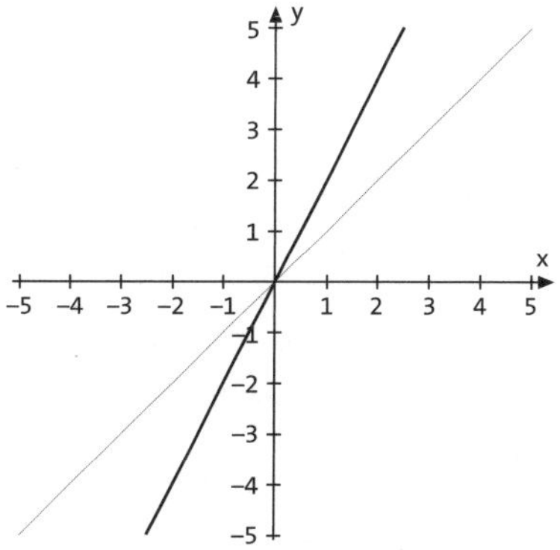

b) $f_3(x) = \frac{1}{2} \cdot x$

Spiegelung von f_2 an der 1. Winkelhalbierenden ($f(x) = x$)

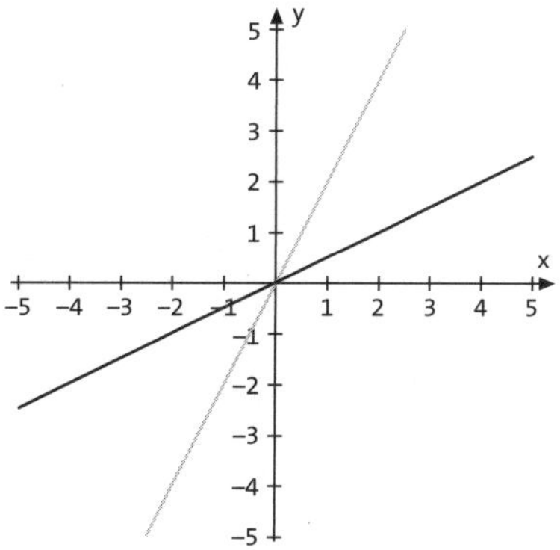

c) $f_4(x) = \left|\frac{1}{2} \cdot x\right|$

Spiegelung der negativen Funktionswerte von f_3 an der x-Achse

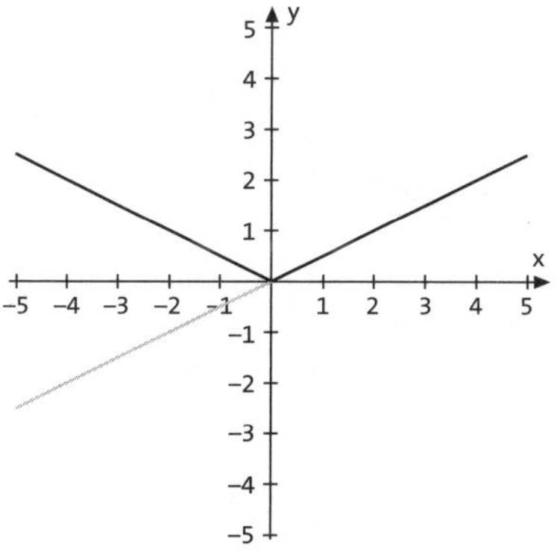

d) $f_5(x) = \left|\frac{1}{2} \cdot x\right| + 1$

Verschiebung von f_4 um eine Einheit nach oben parallel zur y-Achse

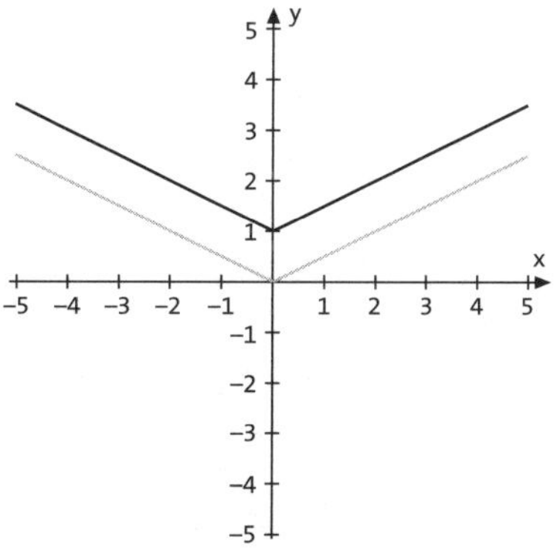

e) $f_6(x) = \left|\frac{1}{2} \cdot (x-3)\right| + 1$

Verschiebung von f_5 um drei Einheiten nach rechts parallel zur x-Achse

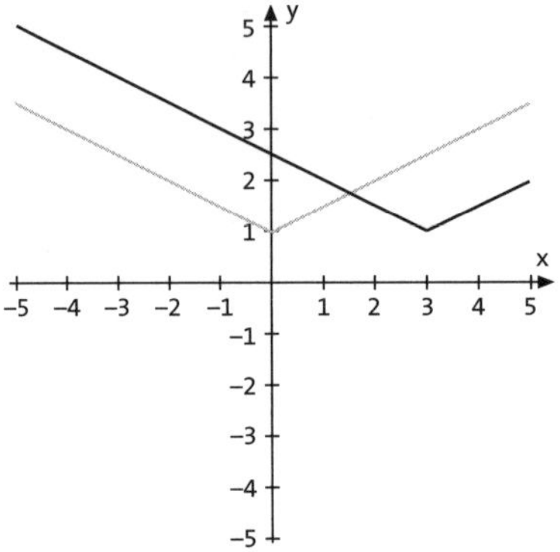

f) $f_7(x) = \left|\frac{1}{2} \cdot (-x-3)\right| + 1$

Spiegelung von f_6 an der y-Achse

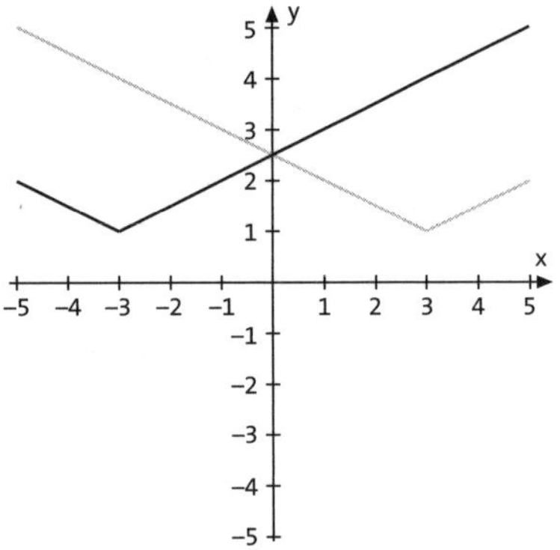

g) $f_8(x) = -\left(\left|\frac{1}{2} \cdot (-x-3)\right| + 1\right)$

Spiegelung von f_7 an der x-Achse

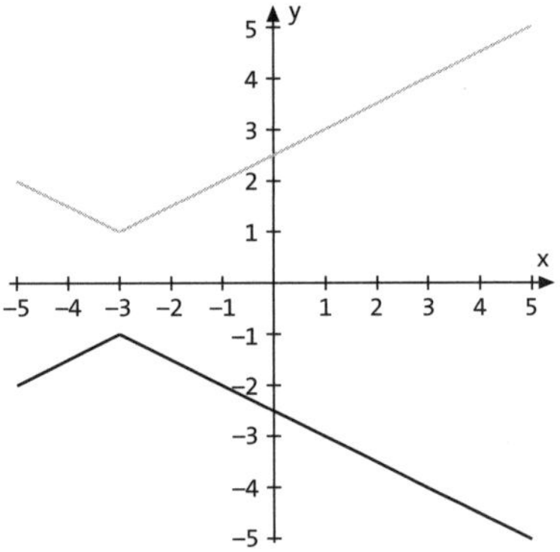

Punktmengen

Aufgaben

1.

Zeichne in ein Koordinatensystem alle Punkte (x, y), für die gilt:

a) $|x| - |y| = 1$ b) $x \cdot y < x$

c) $y^2 < x^2$ d) $x + y - |x - y| > 0$

Lösungen

(Aufgabe Seite 56)

1.

a) $|x| - |y| = 1 \Leftrightarrow |y| = |x| - 1$

Die Gleichung hat nur für $|x| \geq 1$ Lösungen.
Nach der Fallunterscheidung:
$y \geq 0 : y = |x| - 1$
$y < 0 : y = -(|x| - 1)$
ergeben sich zwei Funktionen, die direkt in das Koordinatensystem gezeichnet werden können.

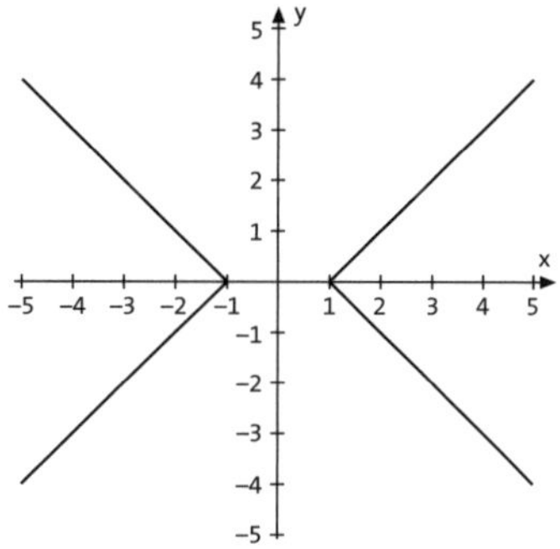

b) $x \cdot y < x$

Die Ungleichung hat für $x = 0$ keine Lösung. Für alle anderen Werte x gilt entweder $x > 0$ und $y < 1$ oder $x < 0$ und $y > 1$.

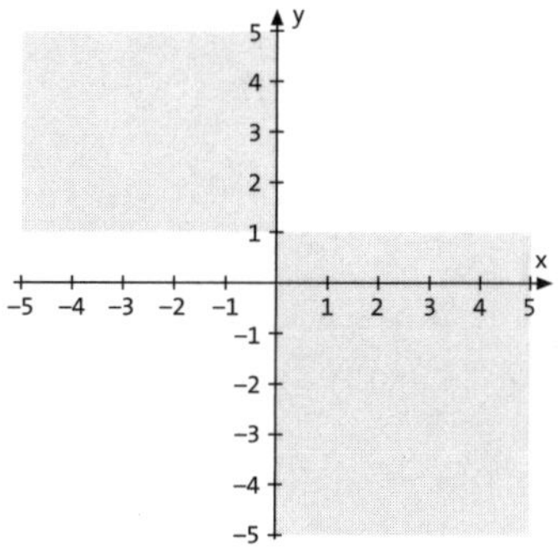

c) $y^2 < x^2 \Leftrightarrow |y| < |x|$

Es gilt:
$y \geq 0 : y < |x|$
$y < 0 : y > -|x|$

Die Lösungsmenge wird von den Funktionen $y = |x|$ und $y = -|x|$ eingeschlossen.

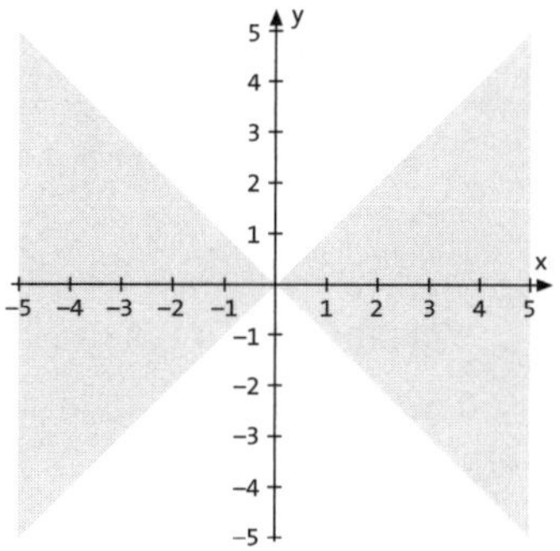

d) $x + y - |x - y| > 0$

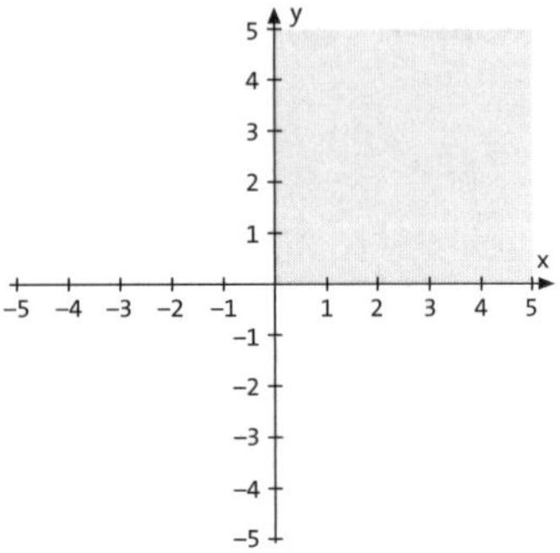

Fallunterscheidung:

$x \geq y: \quad x + y - (x - y) > 0 \Leftrightarrow y > 0$
$x < y: \quad x + y + (x - y) > 0 \Leftrightarrow x > 0$

Die Variablen x und y können nur positive Werte annehmen. Zur Lösungsmenge gehören alle Punkte (x, y) oberhalb, auf und unterhalb der 1. Winkelhalbierenden.

2. Aufgaben

1.

a) Sei $[x]$ die größte ganze Zahl kleiner oder gleich x, z. B. $[3,9] = 3$, $[-0,5] = -1$, $[-4] = -4$.

Zeichne den Graphen der Funktion $f(x) = [x]$ (Gauß-Klammer von x).

b) Die gesuchte Funktion ordnet der Variablen x die kleinste ganze Zahl größer oder gleich x zu.

Zeichne den Graphen der Funktion. Wie lautet die Funktionsgleichung?

c) Sei $\{x\} := x - [x]$.

Zeichne den Graphen der Funktion $f(x) = \{x\}$.

2.

Zeichne den Graphen der Funktion:

a) $f(x) = |x - 1|$

b) $f(x) = |1 - x|$

c) $f(x) = [x] - 1$

d) $f(x) = |2 - |x||$

e) $f(x) = \frac{|x|}{x}$

f) $f(x) = \frac{x + |x|}{3}$

g) $f(x) = \min(2 \cdot x, x^2)$

Hinweis: Das Minimum $\min(f_1(x), \ldots, f_n(x))$ ist der kleinste der Funktionswerte $f_1(x), \ldots, f_n(x)$.

h) $f(x) = \min(4 - x, 2 + x, 6 - 2 \cdot x)$

i) $f(x) = (-1)^{[x]}$

j) $f(x) = 3 \cdot \left[\frac{x}{3}\right]$

k) $f(x) = \frac{1}{3} \cdot [3 \cdot x]$

l) $f(x) = (2 \cdot x - 1) \cdot \text{sgn}(x)$ mit $\text{sgn}(x) = \begin{cases} -1 \text{ für } x < 0 \\ 0 \text{ für } x = 0 \\ 1 \text{ für } x > 0 \end{cases}$ (Signum von x)

3.

Finde für jeden Graphen eine Funktionsgleichung:

a)

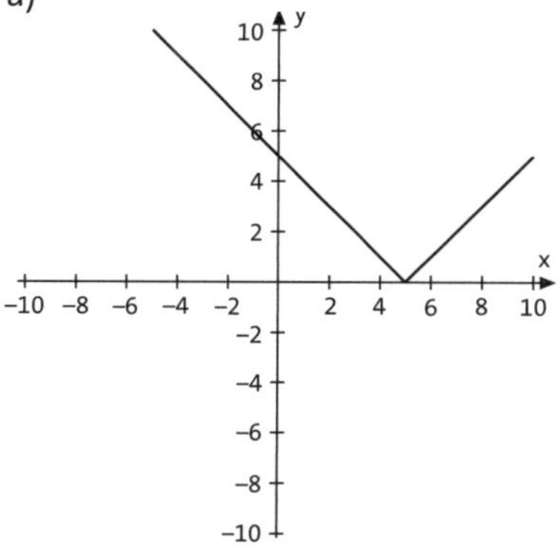

b)

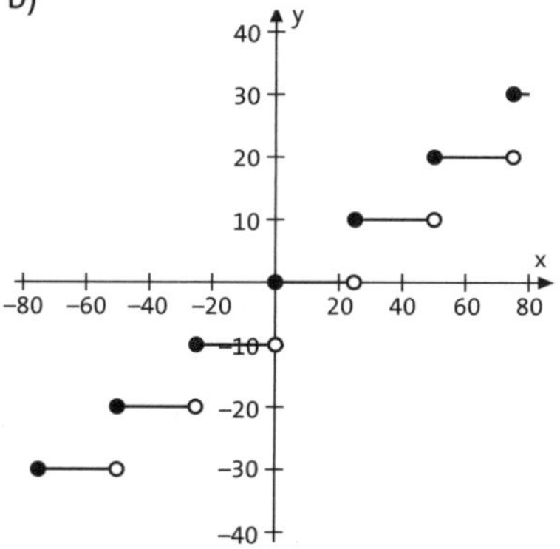

Hinweis: Die Kreise geben an, ob zum Wert x der Funktionswert y gehört (geschlossener Kreis) oder nicht (offener Kreis).

c)

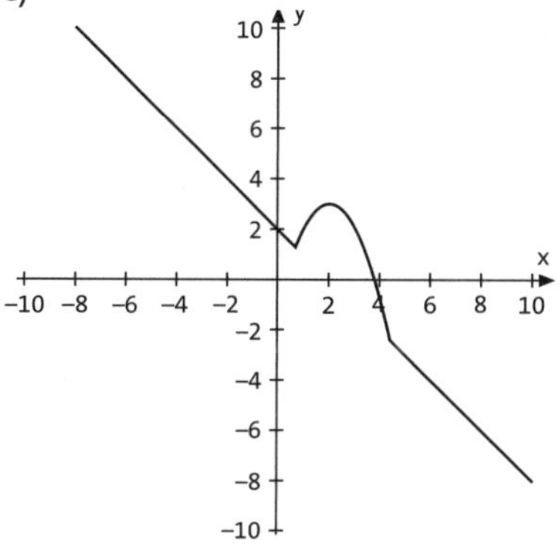

d)

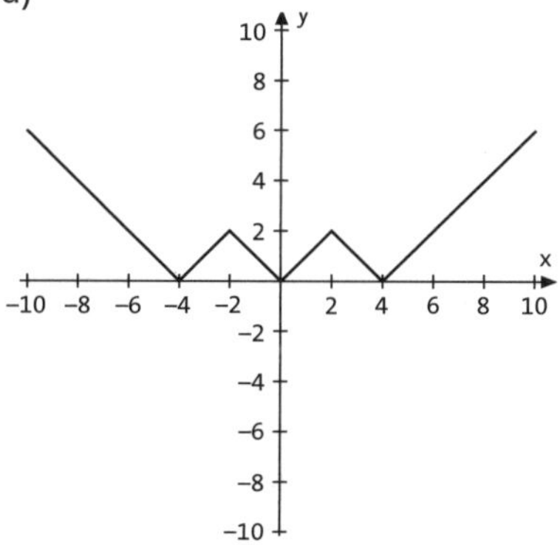

4.

Finde Funktionen mit der folgenden Eigenschaft:

a) $f(-x) = f(x)$ b) $f(-x) = -f(x)$

c) $f(x_1 + x_2) = f(x_1) + f(x_2)$ d) $f(x_1 \cdot x_2) = f(x_1) \cdot f(x_2)$

5.

Zeichne den Graphen der Funktion für $f(x) = x^2$:

a) $f([x])$ b) $[f(x)]$ c) $\{f(x)\}$ d) $f(\{x\})$

Die Definitionen von $[x]$ und $\{x\}$ sind in Aufgabe 1 angegeben.

6.

Bestimme die Verknüpfungen $f \circ g(x) = f\,(g(x))$ und $g \circ f(x) = g\,(f(x))$ für:

a) $f(x) = \frac{1}{2} \cdot x - 4$ und $g\,(x) = 4 \cdot x + 2$

b) $f(x) = 2 \cdot x - 5$ und $g\,(x) = \frac{1}{2} \cdot x + \frac{5}{2}$

c) $f(x) = |x| - x$ und $g\,(x) = |x| + x$

7.

Eine Funktion f hat die Periode n, wenn n die kleinste natürliche Zahl ist mit $f^n(x) = x$ für alle x. Es gilt: $f^n(x) = \underbrace{f \circ f \circ f \circ \ldots \circ f(x)}_{n-mal}$.

Welche Periode hat die Funktion?

a) $f(x) = -x$ b) $f(x) = \frac{x-1}{x}$

c) $f(x) = \frac{x-1}{x+1}$ d) $f(x) = \frac{x-1}{x+2}$

8.

Berechne den Flächeninhalt der Punktmenge, die von den Graphen der Funktionen $f_1(x) = |x-1| + |x-3|$ und $f_2(x) = 8$ begrenzt wird.

9.

Wie viele Lösungen hat die Gleichung? Zeichne die Graphen.

a) $|x-1| = x+1$ b) $|2 \cdot x - 1| = -2 \cdot x - 1$

c) $||x^2-1|-1| = 1$ d) $||x^2-1|-2| = 1$

10.

Durch welche Gleichung wird die Raute mit den Eckpunkten (1,0), (0,2), (−1,0), (0,−2) beschrieben?

11.

Zeichne in ein Koordinatensystem alle Punkte (x, y), für die gilt:

a) $||x| + |y| - 4| = 2$ b) $||x| + ||y| - 3| - 3| = 1$

12.

Die Achsen eines Koordinatensystems seien Straßen. Ein Spaziergänger startet im Punkt (0,0).

Zeichne die Menge aller Punkte, in denen er sich nach einer Stunde befinden kann, wenn er auf der Straße 5 km und querfeldein 3 km in einer Stunde zurücklegt.

13.

Zeichne in ein Koordinatensystem alle Punkte (x, y), für die gilt:

a) $|x| + |y| = 1$ b) $|3 \cdot x| + |y| = 2$ c) $x \cdot y \cdot (x \cdot y - 1) < 0$

d) $x^4 > y^2$ e) $x^4 < y^4$ f) $x + x^2 < y + y^2$

g) $x^2 + x^4 < y^2 + y^4$ h) $x^3 \cdot y - x \cdot y^3 = 0$

Lösungen

(Aufgaben Seite 58–61)

1.

a) $f(x) = [x]$

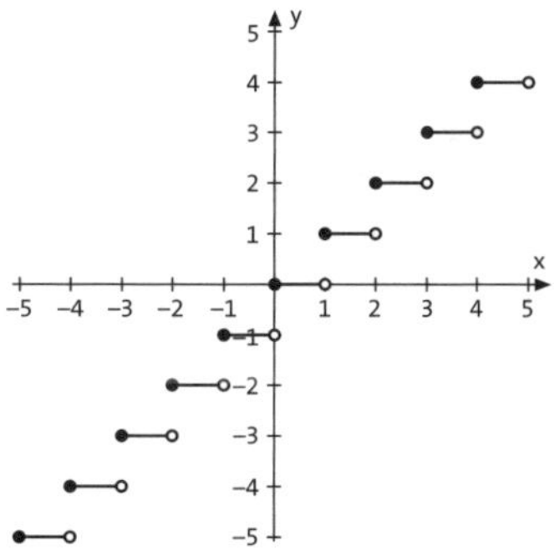

b) $f(x) = -[-x]$

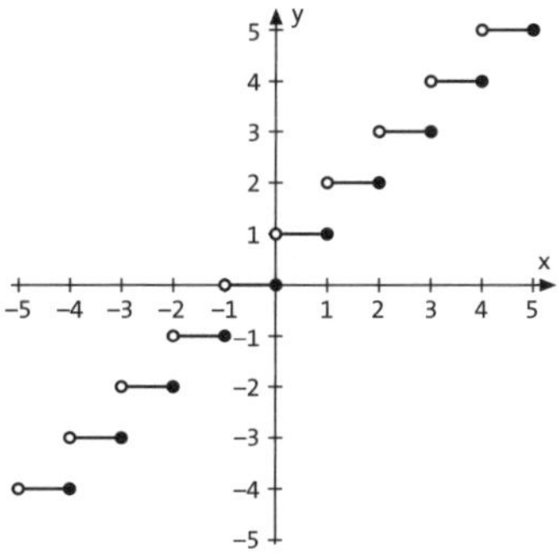

c) $f(x) = \{x\}$

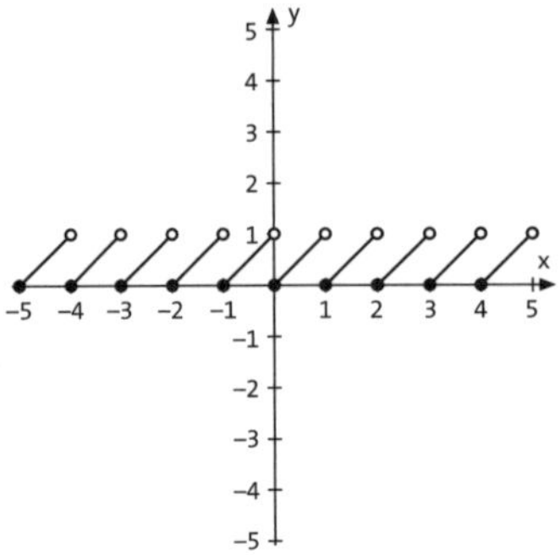

2.

a) und b) $f(x) = |x - 1| = |1 - x|$

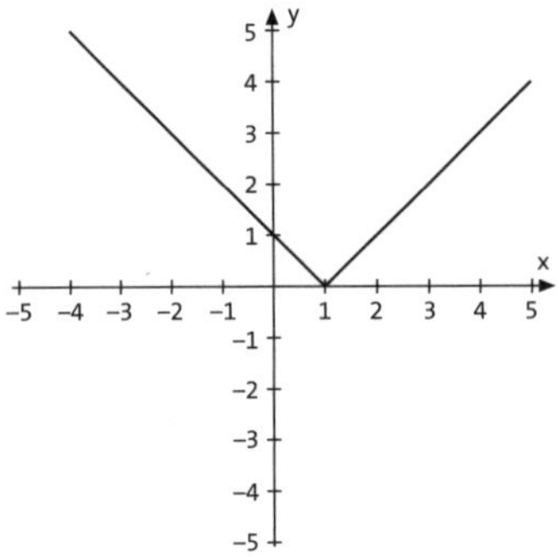

c) $f(x) = [x] - 1$

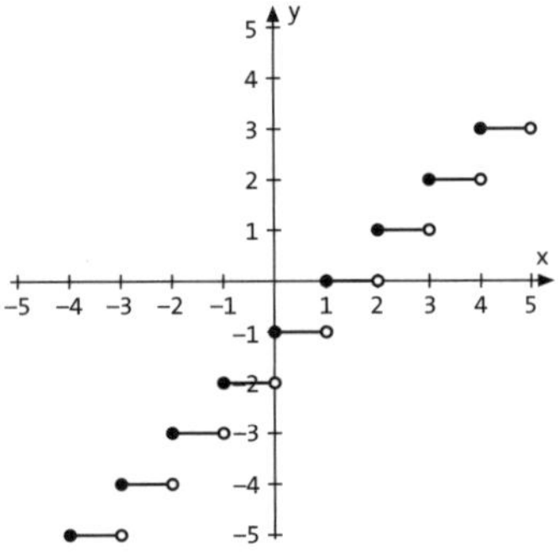

d) $f(x) = |2 - |x||$

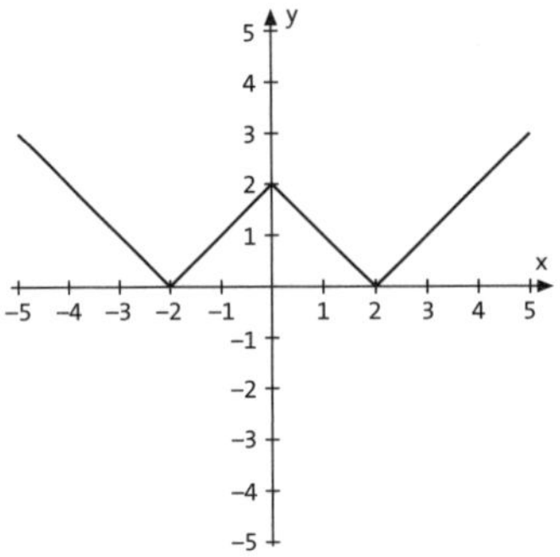

e) $f(x) = \frac{|x|}{x}$, $x \neq 0$

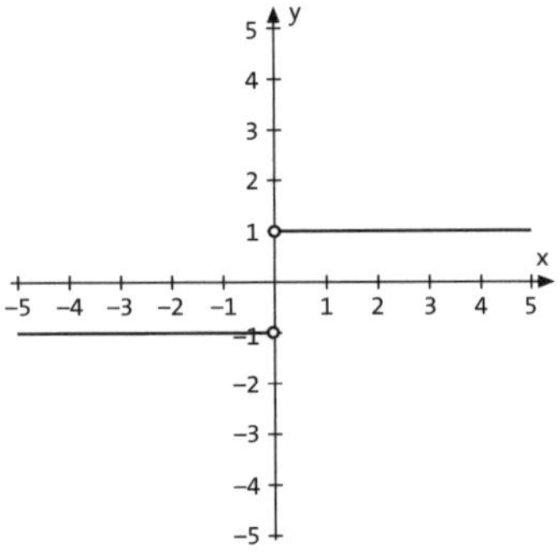

f) $f(x) = \dfrac{x + |x|}{3}$

Fallunterscheidung:

$x \geq 0: \quad f(x) = \dfrac{x + x}{3} = \dfrac{2}{3} \cdot x$

$x < 0: \quad f(x) = \dfrac{x - x}{3} = 0$

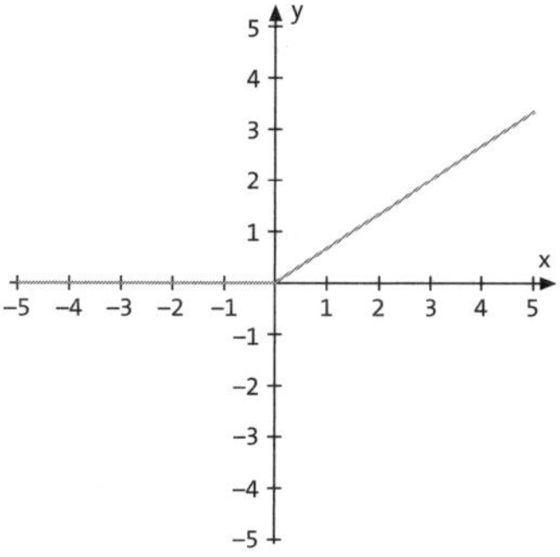

g) $f(x) = \min(2 \cdot x, x^2)$

Zeichne die Graphen der Funktionen $f_1(x) = 2 \cdot x$ und $f_2(x) = x^2$ und wähle für jedes x den kleineren der Funktionswerte $f_1(x)$ und $f_2(x)$.

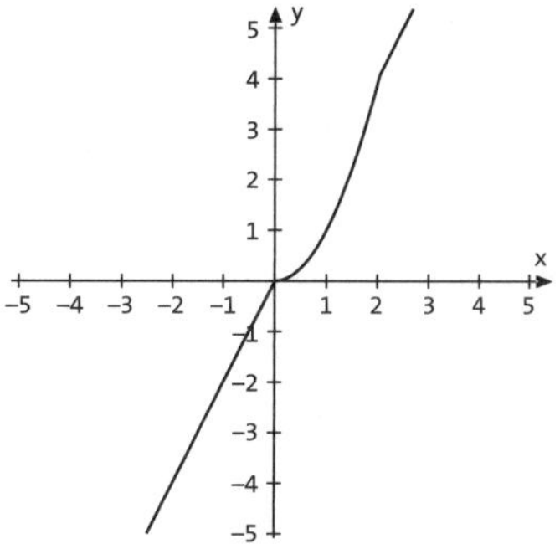

h) $f(x) = \min(4 - x, 2 + x, 6 - 2 \cdot x)$

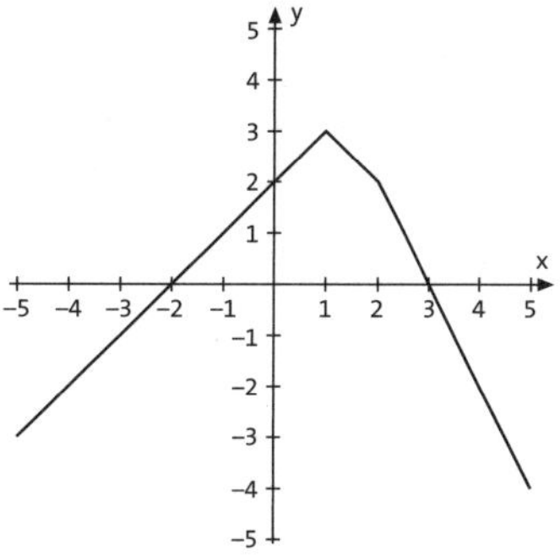

i) $f(x) = (-1)^{[x]}$

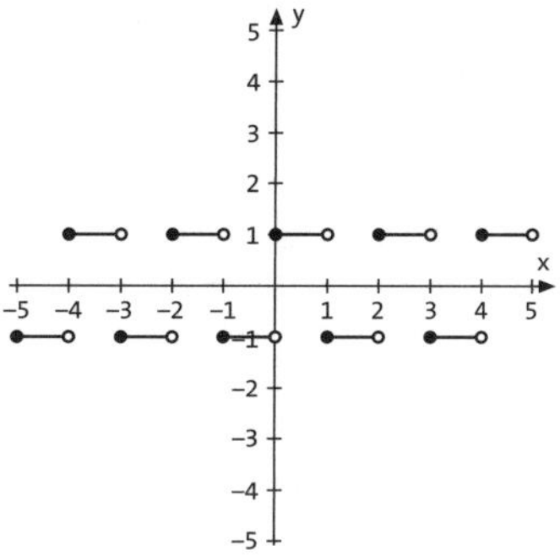

j) $f(x) = 3 \cdot \left[\frac{x}{3}\right]$

Streckung des Funktionsgraphen $f(x) = [x]$ mit dem Faktor 3 parallel zur x- und y-Achse

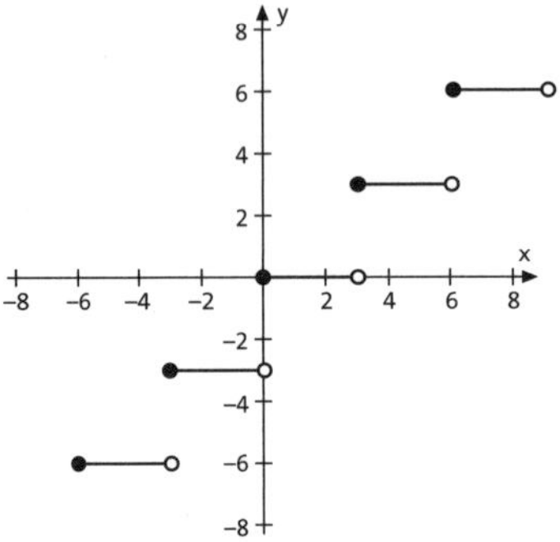

k) $f(x) = \frac{1}{3} \cdot [3 \cdot x]$

Stauchung des Funktionsgraphen $f(x) = [x]$ mit dem Faktor 3 parallel zur x- und y-Achse

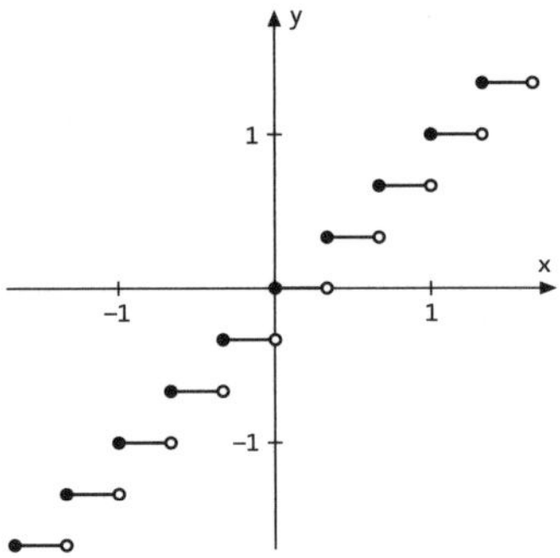

l) $f(x) = (2 \cdot x - 1) \cdot \operatorname{sgn}(x)$

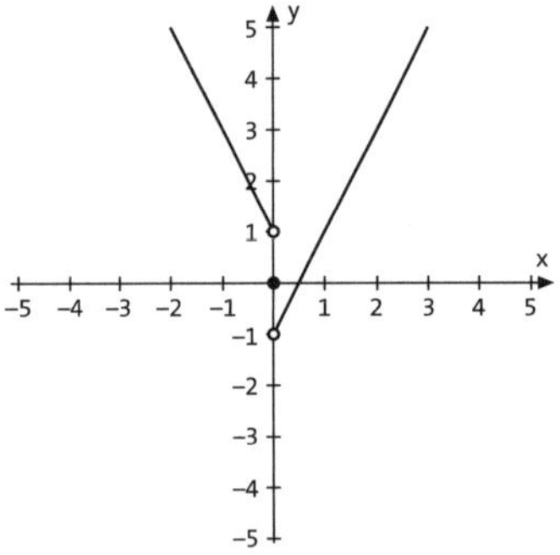

3.

a) $f(x) = |x - 5|$, $f(x) = |5 - x|$

b) $f(x) = 10 \cdot \left[\frac{x}{25}\right]$

c) $f(x) = \max(-x + 2, -(x - 2)^2 + 3)$

d) $f(x) = |2 - |2 - |x|||$

4.

Beispiele:

a) $f(x) = |a \cdot x| + b$, $f(x) = a \cdot x^2 + b$

b) $f(x) = a \cdot x$

c) $f(x) = a \cdot x$

d) $f(x) = x$, $f(x) = |x|$

5.

a) $f([x]) = [x]^2$

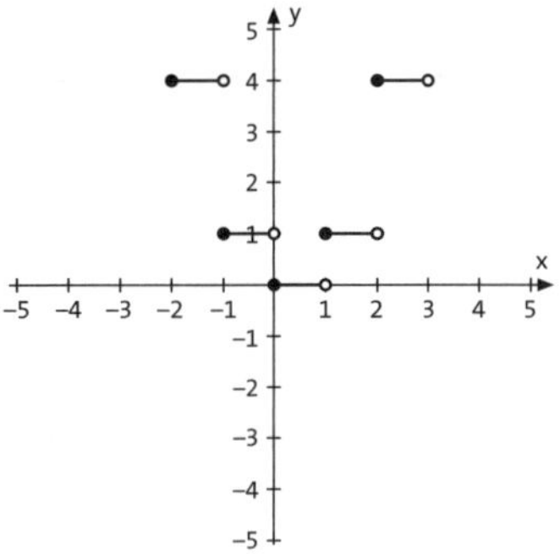

b) $[f(x)] = [x^2]$

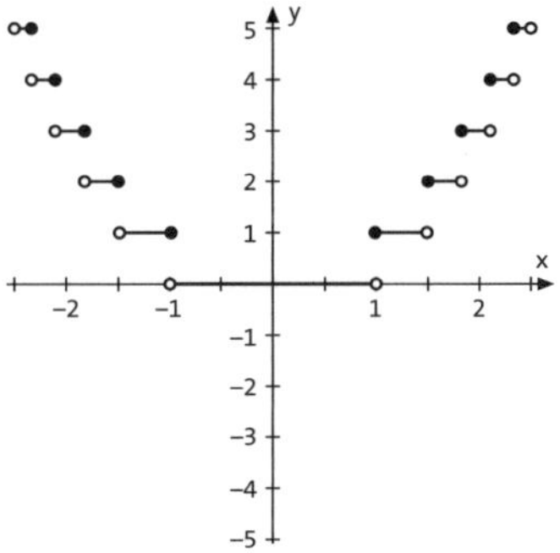

c) $\{f(x)\} = \{x^2\}$

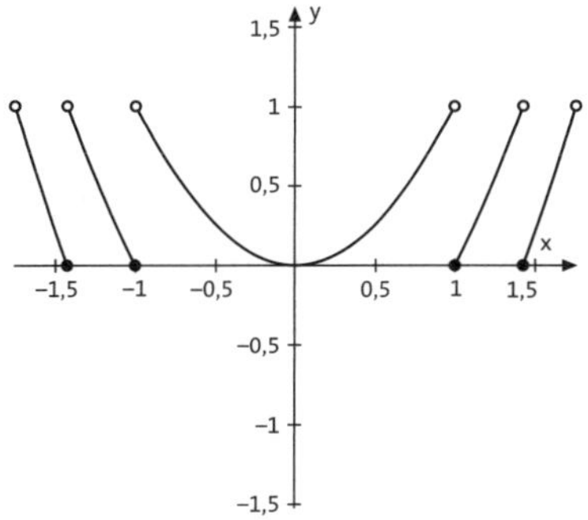

d) $f(\{x\}) = \{x\}^2$

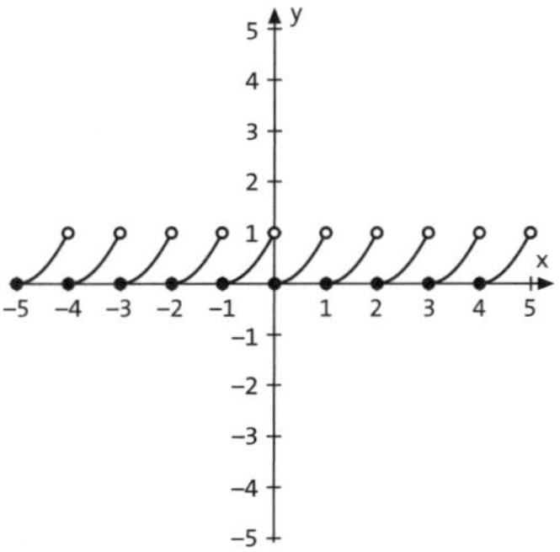

6.

a) $f \circ g(x) = \frac{1}{2} \cdot (4 \cdot x + 2) - 4 = 2 \cdot x - 3$

$g \circ f(x) = 4 \cdot \left(\frac{1}{2} \cdot x - 4\right) + 2 = 2 \cdot x - 14$

b) $f \circ g(x) = g \circ f(x) = x$

c) $f \circ g(x) = ||x| + x| - (|x| + x) = 0$, da $|x| + x \geq 0$ gilt.

$g \circ f(x) = ||x| - x| + |x| - x$

Fallunterscheidung:
$x \geq 0 : |x| - x = 0 \Rightarrow g \circ f(x) = 0$
$x < 0 : |x| - x > 0 \Rightarrow g \circ f(x) = 2 \cdot |x| - 2 \cdot x = 4 \cdot |x|$

7.

a) $f(x) = -x \Rightarrow f^2(x) = -(-x) = x \Rightarrow n = 2$

b) $f(x) = \dfrac{x-1}{x} \Rightarrow f^2(x) = \dfrac{\dfrac{x-1}{x} - 1}{\dfrac{x-1}{x}} = -\dfrac{1}{x-1} \Rightarrow f^3(x) = \dfrac{-\dfrac{1}{x-1} - 1}{-\dfrac{1}{x-1}} = x \Rightarrow n = 3$

c) $f(x) = \dfrac{x-1}{x+1} \Rightarrow f^2(x) = -\dfrac{1}{x} \Rightarrow f^3(x) = \dfrac{-x-1}{x-1} \Rightarrow f^4(x) = x \Rightarrow n = 4$

d) $f(x) = \dfrac{x-1}{x+2} \Rightarrow f^2(x) = -\dfrac{1}{x+1} \Rightarrow f^3(x) = \dfrac{-x-2}{2 \cdot x + 1} \Rightarrow f^4(x) = \dfrac{-x-1}{x}$

$\Rightarrow f^5(x) = \dfrac{-2 \cdot x - 1}{x-1} \Rightarrow f^6(x) = x \Rightarrow n = 6$

8.

$f_1(x) = |x-1| + |x-3| \Leftrightarrow$

$$f_1(x) = \begin{cases} 2 \cdot x - 4 & \textit{für } x \geq 3 \\ 2 & \textit{für } 1 \leq x < 3 \\ -2 \cdot x + 4 & \textit{für } x < 1 \end{cases}$$

Die von den Graphen der Funktionen f_1 und f_2 eingeschlossene Fläche ist ein gleichschenkliges Trapez mit einem Flächeninhalt von 30 Flächeneinheiten.

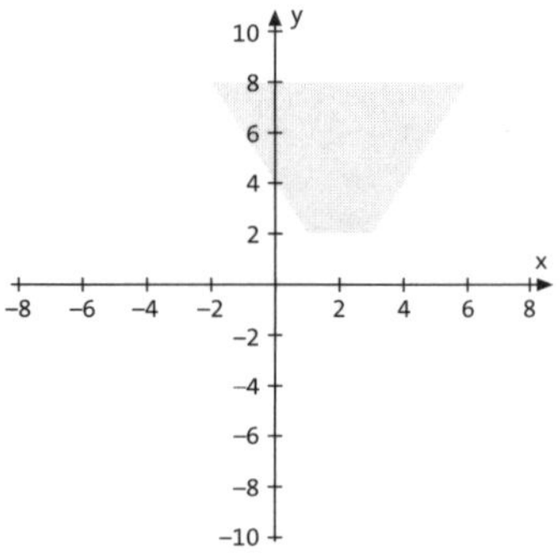

9.

a) eine Lösung

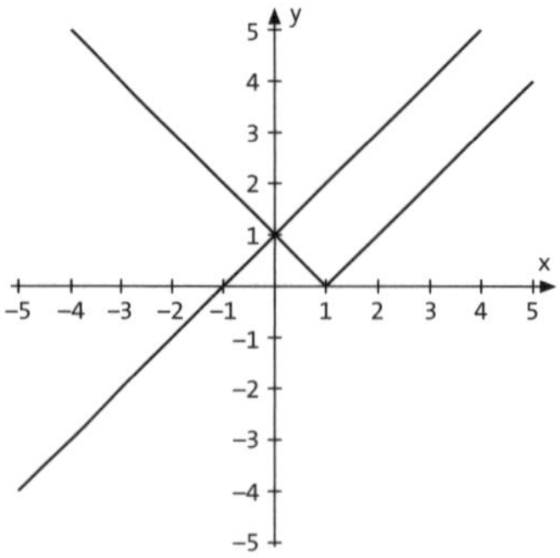

b) keine Lösung

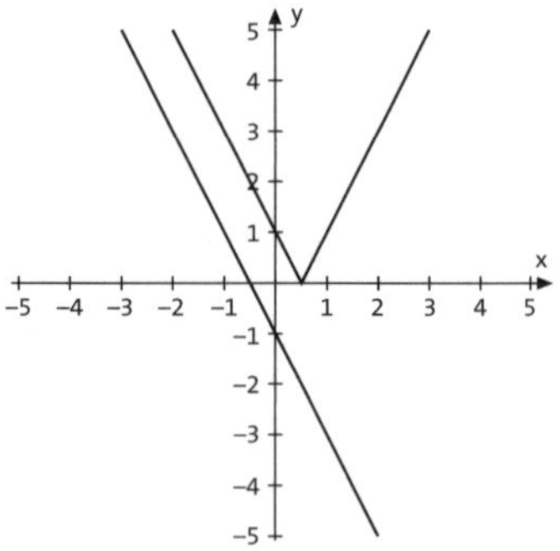

c) vier Lösungen

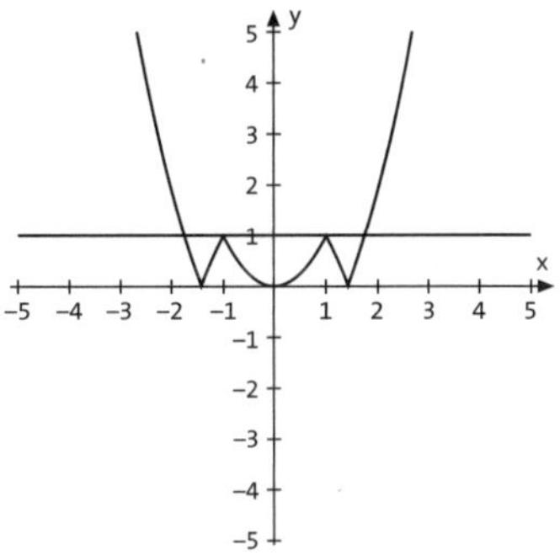

d) fünf Lösungen

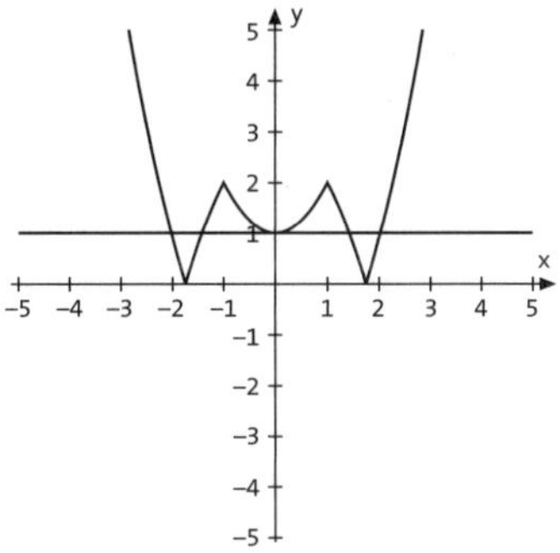

10.

$$\begin{cases} y \geq 0 : y = -\,|2 \cdot x| + 2 \\ y < 0 : y = |2 \cdot x| - 2 \end{cases} \quad \Leftrightarrow \quad |y| = -|2 \cdot x| + 2 \quad \Leftrightarrow \quad |y| + |2 \cdot x| = 2$$

11.

a) $||x| + |y| - 4| = 2$

Fallunterscheidung:
$|x| + |y| \geq 4$: $|x| + |y| = 6$
$|x| + |y| < 4$: $|x| + |y| = 2$

Die Gleichungen beschreiben zwei Quadrate mit den Mittelpunkten im Koordinatenursprung und den Eckpunkten auf den Koordinatenachsen. Die Länge der Diagonalen beträgt 12 bzw. 4 Einheiten.

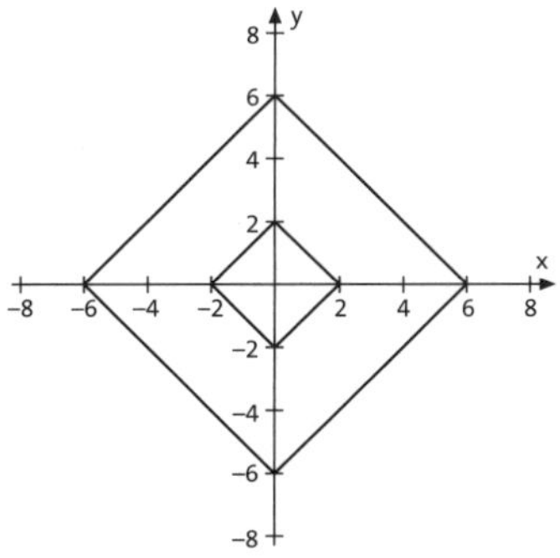

b) $||x| + ||y| - 3| - 3| = 1$

Die Gleichung $||x| + |y| - 3| = 1$ beschreibt zwei Quadrate mit den Mittelpunkten im Koordinatenursprung und den Eckpunkten auf den Koordinatenachsen. Die Länge der Diagonalen beträgt 8 bzw. 4 Einheiten.

Verschiebt man den Mittelpunkt der Quadrate in den Punkt (0,3), dann lautet die Gleichung:
$||x| + |y - 3| - 3| = 1.$

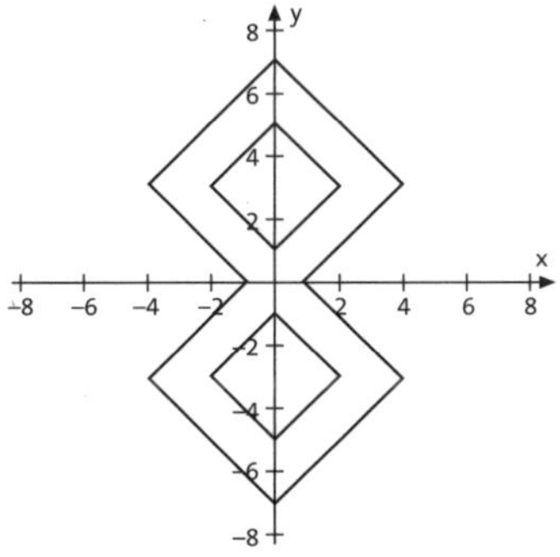

Aufgrund der zusätzlichen Betragsbildung in der gegebenen Gleichung fallen alle Punkte (x, y) der beiden Quadrate unterhalb der x-Achse weg. Außerdem wird die Lösungsmenge durch Punkte (x, y) erweitert, die durch die Spiegelung an der x-Achse entstehen. Als Lösungsmenge ergibt sich die in der Abbildung dargestellte Punktmenge.

12.

Der Spaziergänger geht t Stunden entlang der Straße und 1-t Stunden querfeldein ($0 \le t \le 1$). Nach t Stunden erreicht er die Punkte $(\pm 5 \cdot t, 0)$ oder $(0, \pm 5 \cdot t)$. Nach weiteren 1-t Stunden kann er sich in jedem Punkt der Kreisscheibe mit Mittelpunkt $(\pm 5 \cdot t, 0)$ oder $(0, \pm 5 \cdot t)$ und Radius $3 \cdot (1 - t)$ befinden. Die Vereinigung der Kreisscheiben für alle t ergibt die in der Abbildung dargestellte sternförmige Punktmenge, die von acht Strecken begrenzt wird.

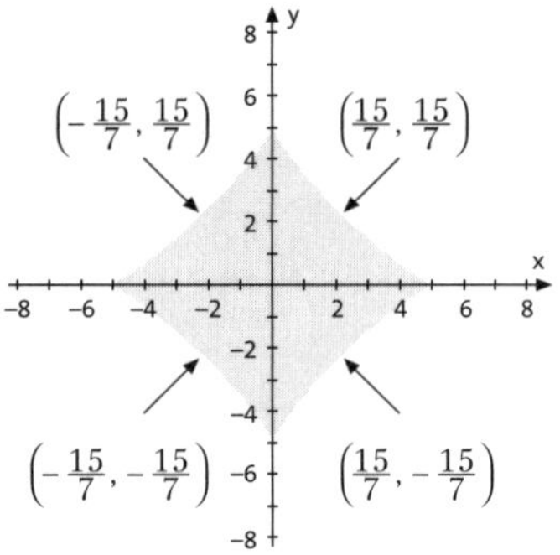

13.

a) $|x| + |y| = 1$

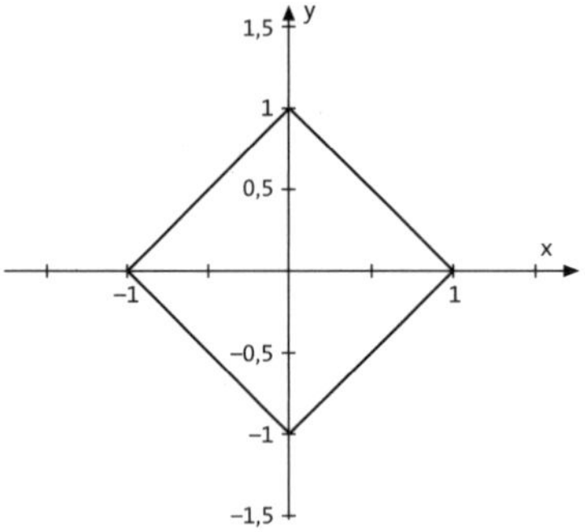

b) $|3 \cdot x| + |y| = 2$

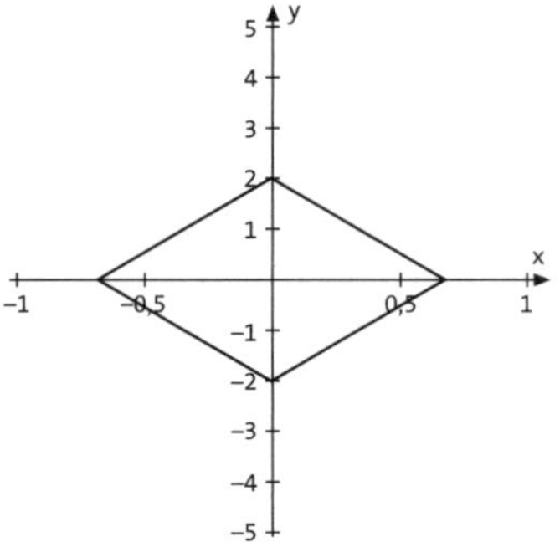

c) $x \cdot y \cdot (x \cdot y - 1) < 0$

Fallunterscheidung ($x \neq 0$, $y \neq 0$):

I. und III. Quadrant:

$x \cdot y > 0 : y < \frac{1}{x}$

II. und IV. Quadrant:

$x \cdot y < 0 : x \cdot y - 1 < 0$

$\Rightarrow x \cdot y \cdot (x \cdot y - 1) > 0$

$\Rightarrow$ keine Lösung

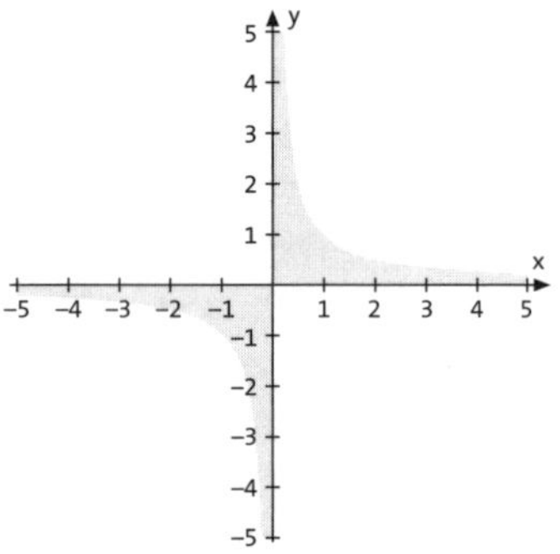

d) $x^4 > y^2 \Leftrightarrow x^2 > |y|$

Fallunterscheidung:
$y > 0 : y < x^2$
$y < 0 : y > -x^2$

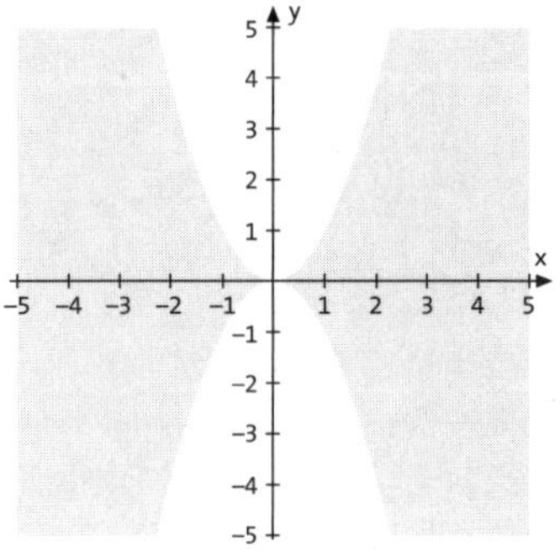

e) $x^4 < y^4 \Leftrightarrow |x| < |y|$

Fallunterscheidung:
$y > 0 : y > |x|$
$y < 0 : y < -|x|$

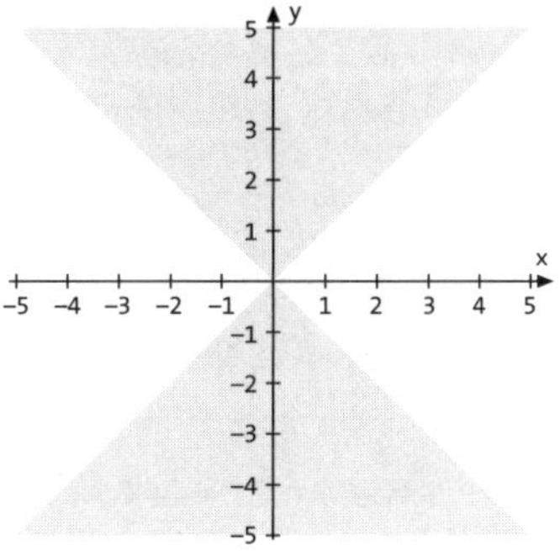

f) $x + x^2 < y + y^2$

$\Leftrightarrow \left(x + \frac{1}{2}\right)^2 < \left(y + \frac{1}{2}\right)^2$

$\Leftrightarrow \left|x + \frac{1}{2}\right| < \left|y + \frac{1}{2}\right|$

$\Leftrightarrow y > -\frac{1}{2}: \quad y > \left|x + \frac{1}{2}\right| - \frac{1}{2}$

$y < -\frac{1}{2}: \quad y < -\left|x + \frac{1}{2}\right| - \frac{1}{2}$

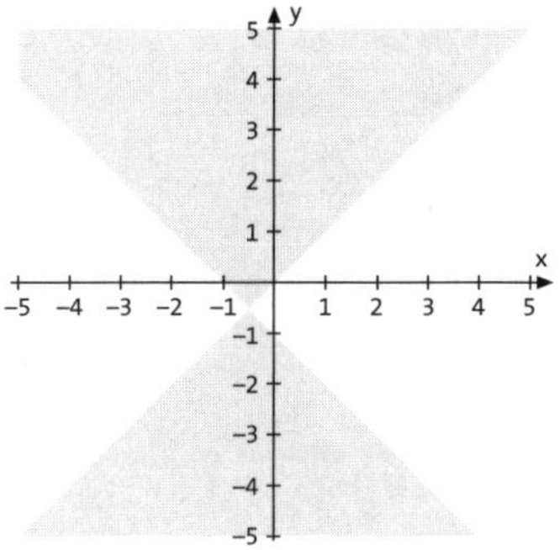

g) $x^2 + x^4 < y^2 + y^4$
$\Leftrightarrow x^2 \cdot (1 + x^2) < y^2 \cdot (1 + y^2)$
$\Leftrightarrow x^2 < y^2$
$\Leftrightarrow |x| < |y|$
$\Leftrightarrow y > 0: \quad y > |x|$
$y < 0: \quad y < -|x|$

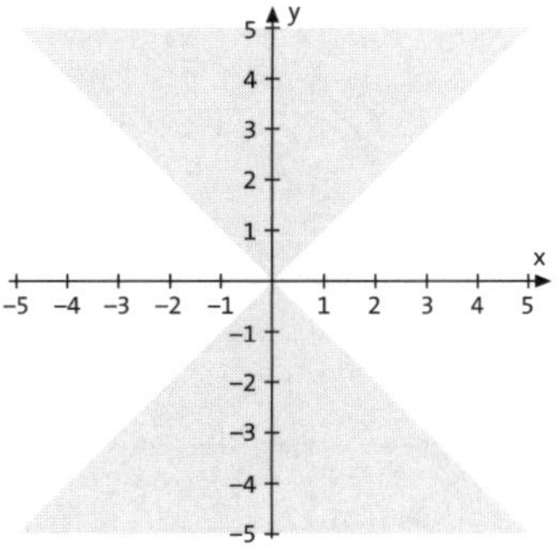

h) $x^3 \cdot y - x \cdot y^3 = 0$
$\Leftrightarrow x \cdot y \cdot (x - y) \cdot (x + y) = 0$
$\Leftrightarrow x = 0$ oder $y = 0$
oder $y = x$ oder $y = -x$

Zur Lösungsmenge gehören alle Punkte der beiden Koordinatenachsen und der 1. und 2. Winkelhalbierenden.

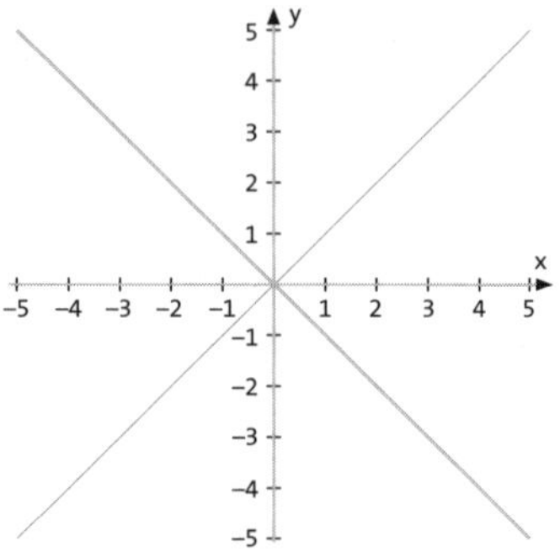

V. Umfangswinkel und Sehnenvierecke

Die drei wichtigsten Sätze der Schulgeometrie sind der Strahlensatz, der Umfangswinkelsatz und der Satz des Pythagoras. Seit einiger Zeit gehört der Umfangswinkelsatz nicht mehr zum Pflichtstoff des Mathematikunterrichts, es wird nur noch der Thalessatz als Spezialfall behandelt. Dies ist ein Grund, den Umfangswinkelsatz ausführlich in der SAMAKA zu thematisieren. Zur besseren Gliederung des Aufgabenmaterials und um unterschiedliche Lernvoraussetzungen besser berücksichtigen zu können, werden der Thalessatz, der Umfangswinkelsatz und die Sehnenvierecke getrennt behandelt.

1. Der Satz von Thales

Ein Dreieck ABC hat bei C genau dann einen rechten Winkel, wenn C auf dem Kreis mit AB als Durchmesser liegt.

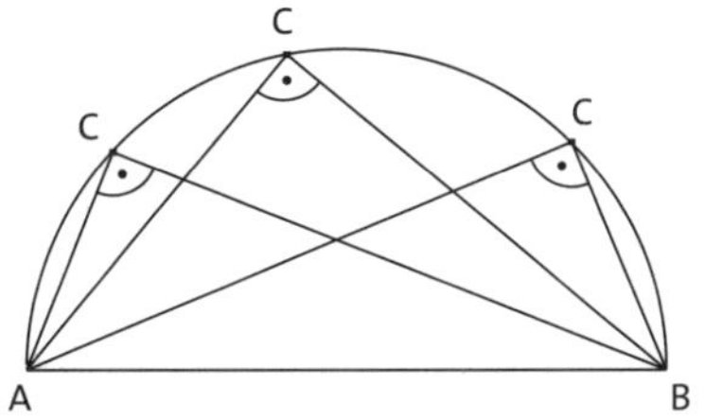

Wie dieser nach THALES benannte Satz („Der Winkel im Halbkreis ist ein rechter") bei Problemen bzw. Beweisen angewandt werden kann, wird den SAMAKA-Teilnehmern am Beispiel des Neunpunktekreises einleitend vorgeführt:

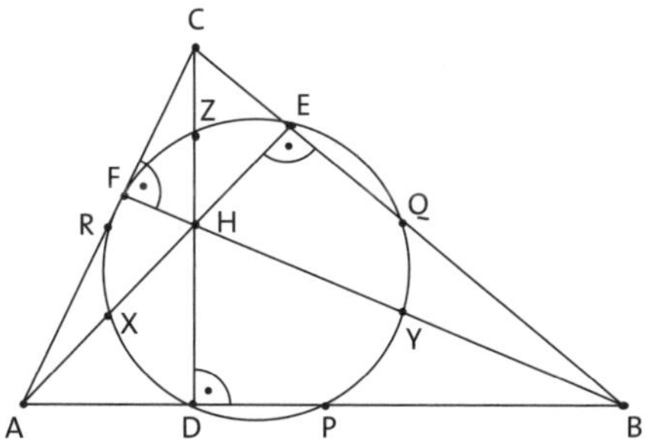

Gegeben ist ein Dreieck ABC mit den Seitenmitten P, Q, R, dem Höhenschnittpunkt H, den Höhenfußpunkten D, E, F und den Seitenmitten X, Y, Z von HA, HB und HC. Zu zeigen ist, dass die neun Punkte D, E, F sowie P, Q, R und X, Y, Z auf einem Kreis liegen.
Mit Hilfe der Strahlensätze wird gezeigt, dass die Vierecke XYQR und PYZR Rechtecke sind (Gegenseiten sind gleich lang und parallel zu den Dreiecksseiten bzw. den Höhen). Die beiden Rechtecke haben die gemeinsame Diagonale RY und daher den gleichen Umkreis. Auf diesem Thaleskreis über RY liegen auch die Höhenfußpunkte D, E, F.

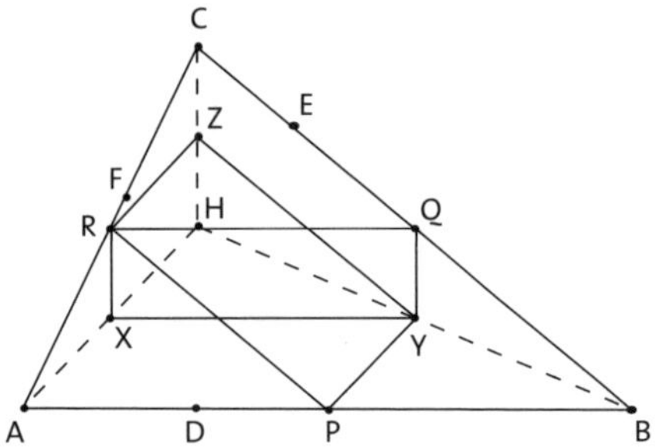

(Für die leistungsstärkeren Samaka-Teilnehmer war es reizvoll, diesen Beweis für ein stumpfwinkliges Dreieck ABC zu führen!)

Aufgaben

1.

Eine Leiter ist an eine senkrechte Wand gelehnt.

Wie bewegt sich der Mittelpunkt der Leiter, wenn sie anfängt zu rutschen?

2.

A, B, C und D seien die Ecken eines konvexen Vierecks.

Zeige, dass die Kreisscheiben mit den Durchmessern AB, BC, CD und AD das Viereck ganz überdecken.

3.

Gegeben ist eine Strecke AB.

Bestimme die Vereinigungsmenge aller Dreiecke ABC, die bei C einen stumpfen Winkel haben.

KOPIERVORLAGE

4.

Gegeben sind zwei Kreise, die sich in den Punkten A und B schneiden, BC und BD sind zwei Durchmesser.

Zeige, dass C, A und D auf einer Geraden liegen.

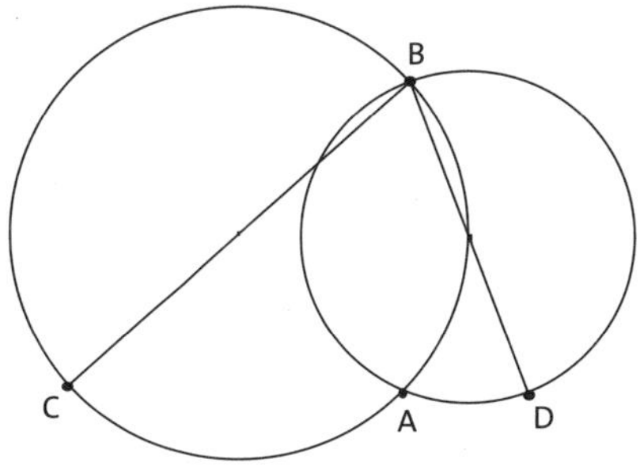

5.

Gegeben sind zwei Kreise, die sich von außen in A berühren. Eine gemeinsame Tangente haben die Berührpunkte B und C. CD sei ein Kreisdurchmesser.

Zeige, dass D, A und B kollinear sind.

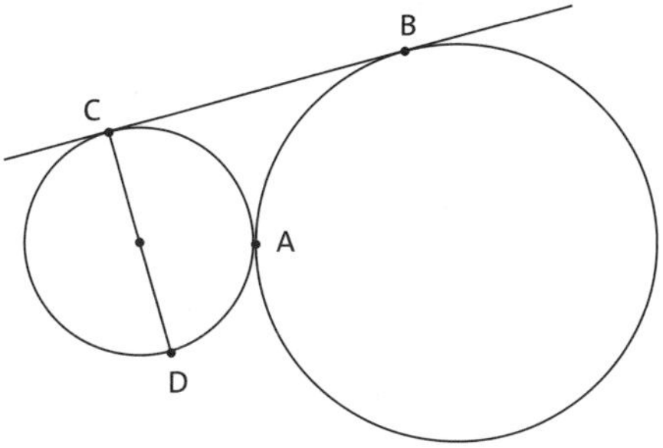

6.

Gegeben ist eine Strecke AB.

Gesucht ist die Menge aller Punkte C, für die gilt:

a) Dreieck ABC ist stumpfwinklig,

b) die Strecke AB erscheint von C aus unter einem spitzen Winkel,

c) Dreieck ABC ist rechtwinklig.

7.

Gegeben sind zwei Punkte A und B.

Bestimme die Menge aller Punkte C mit folgender Eigenschaft: Wenn man von C geradlinig nach B geht, so nimmt die Entfernung von C nach A ab.

8.

Gegeben ist ein Dreieck ABC mit fest vorgegebener Strecke AB.

Gesucht ist die Menge M aller Punkte X, die innerhalb oder auf dem Rand des Dreiecks liegen und für die $AX \leq BX \leq CX$ ist. Für welche Dreiecke, d. h. für welche Wahl von C gilt:

a) M ist die leere Menge,

b) M besteht nur aus einem Punkt,

c) M ist ein Dreieck (Viereck, Fünfeck)?

9.

Sei P ein beliebiger Punkt der Strecke AB. Über AP und BP werden Quadrate errichtet, deren Umkreise sich in P und Q schneiden.

Zeige, dass AF, BC und DE sich in Q schneiden.

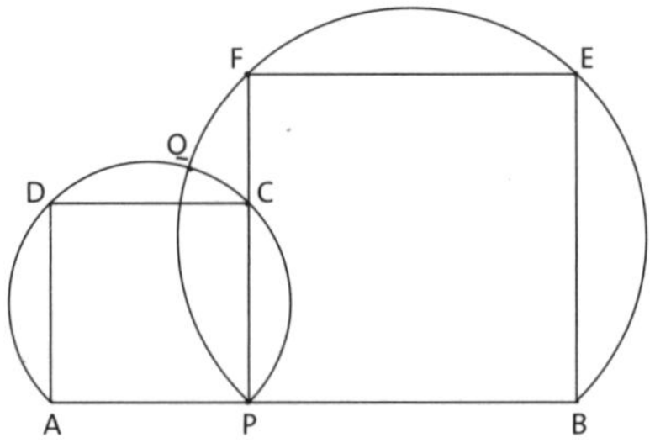

Lösungen

(Aufgaben Seite 72–74)

1.

Seien A und B die Leiterenden, M der Mittelpunkt von AB und O der Punkt, in dem sich Wand und Boden treffen. Der Thaleskreis um M über AB geht immer durch O, also gilt:
$MO = \frac{1}{2} AB$ = konstant, d. h. M bewegt sich auf einem Kreis.

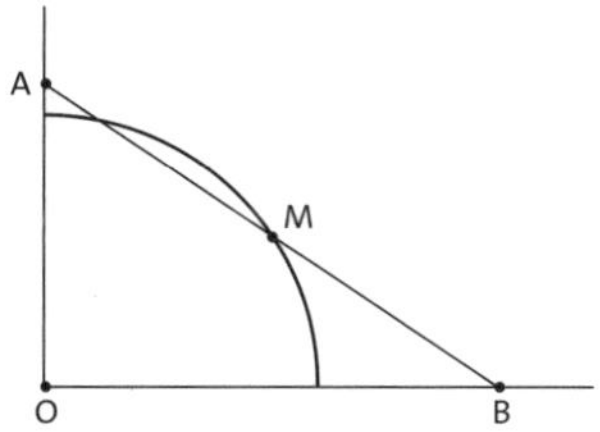

2.

Erste Lösung: Gäbe es einen Punkt P im Viereck ABCD außerhalb der vier Kreisscheiben, dann würde jede Vierecksseite von P aus unter einem spitzen Winkel zu sehen sein, was nicht sein kann, denn alle vier Winkel zusammen müssen 360° ergeben.

Zweite Lösung: Fälle von B und D Lote auf die Diagonale AC. Die dabei entstehenden vier rechtwinkligen Dreiecke überdecken das ganze Viereck und somit auch die Thaleskreise über den Vierecksseiten.

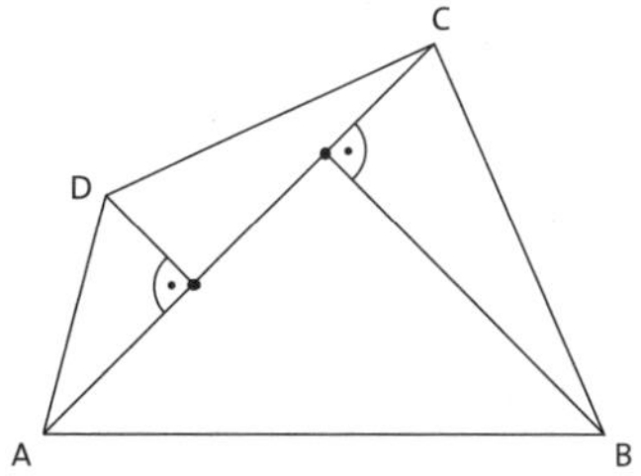

3.

Alle Punkte innerhalb des Kreises mit Durchmesser AB.

4.

∢ BAC und ∢ DAB sind rechte Winkel.

5.

Die gemeinsame Tangente in A schneide BC in T. Dann gilt:
TC = TA = TB, d.h. A liegt auf dem Thaleskreis über BC, also ist:
∢ BAC = 90°. Weiterhin ist ∢ CAD = 90°.

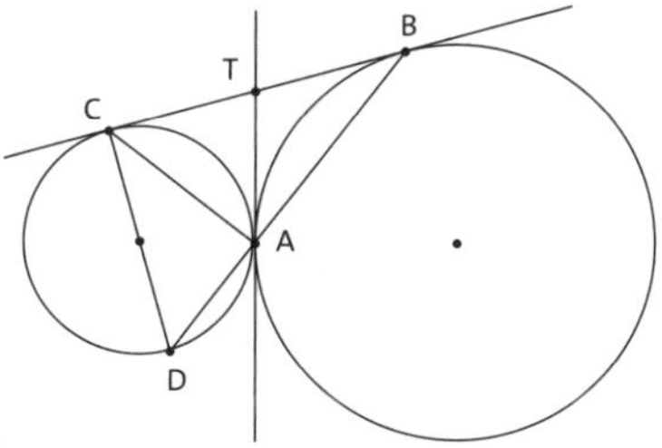

6.

Die Ebene wird durch AB, den Thaleskreis sowie die Lote in A und B in die Gebiete ①, ② oder ③ zerlegt.

a) C liegt in ① oder ③,
b) C liegt in ② oder ③,
c) C liegt auf den Loten oder dem Thaleskreis.

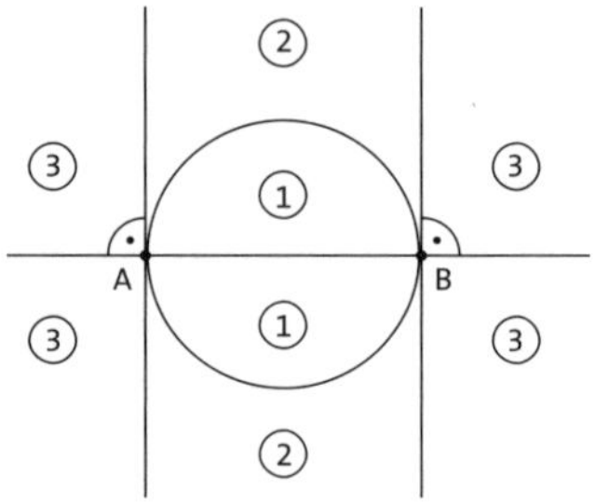

7.

Alle Punkte außerhalb des Thaleskreises über AB.

8.

Die Ebene wird durch AB, den Thaleskreis über AB, die Lote in A und B sowie den Kreis um A durch B in die Gebiete ⓪, ③, ④ und ⑤ zerlegt.

a) C liegt in ⓪.
b) C liegt auf dem Thaleskreis über AB.
c) Dreieck: C liegt in ③ oder auf dem Rand von ③ ohne den Thaleskreis.
   Viereck: C liegt in ④ oder auf dem Teil des Randes von ④, der nicht zum Rand von ③ gehört.
   Fünfeck: C liegt in ⑤.

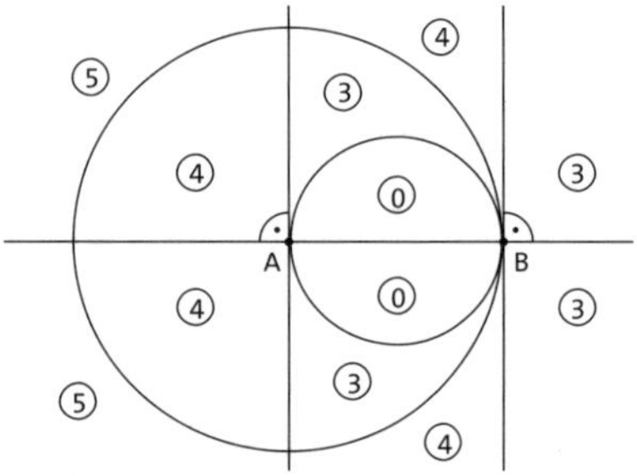

9.

Q liegt auf DE, denn PQ ⊥ QD und PQ ⊥ QE, da Q auf dem Thaleskreis über der Diagonalen PD und PE liegt. Q liegt auch auf dem Thaleskreis über der Diagonalen AC, also gilt CQ ⊥ AQ. BC ⊥ AF, denn Δ PFA geht durch 90°-Drehung um P in Δ PBC über. Also liegt Q auf BC. Q liegt auch auf AF, denn BQ ⊥ QF, da Q auf dem Thaleskreis über BF liegt.

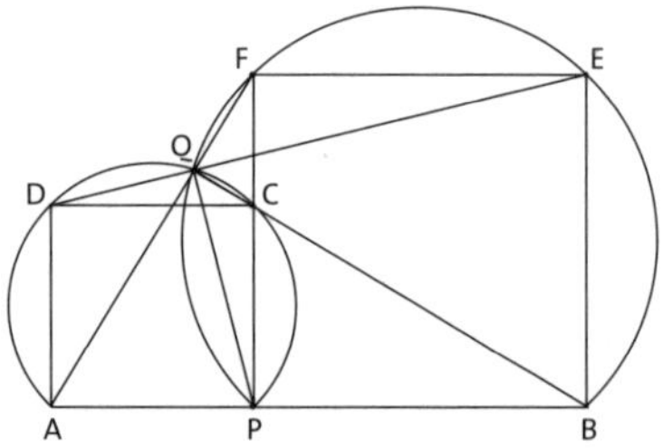

2. Der Umfangswinkelsatz

Alle Umfangswinkel über einer Sehne AB bzw. über dem Bogen $\overset{\frown}{AB}$ sind gleich groß, und zwar halb so groß wie der Mittelpunktswinkel. Alle Punkte, von denen aus eine Strecke AB unter gleichem Winkel erscheint, liegen auf einem Kreis mit AB als Sehne.

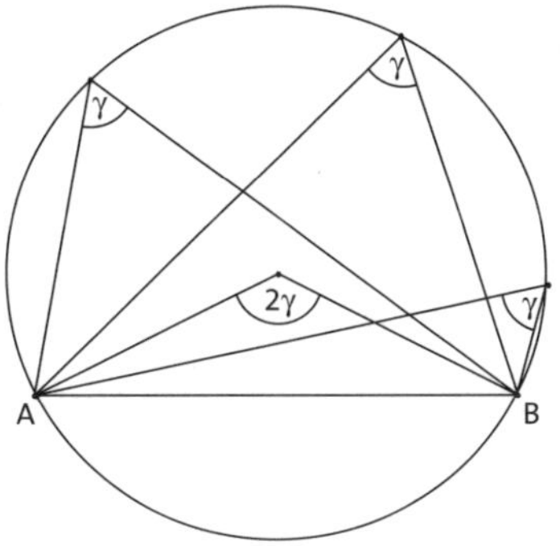

Um zu zeigen, in welchen Zusammenhängen man gleiche Umfangswinkel benötigt, wird als Einstieg – neben den üblichen Beweisen für den Umfangswinkelsatz – Folgendes bewiesen:
Im Δ ABC (Höhenschnittpunkt H) sind die Höhen Winkelhalbierende im Höhenfußpunktdreieck DEF.

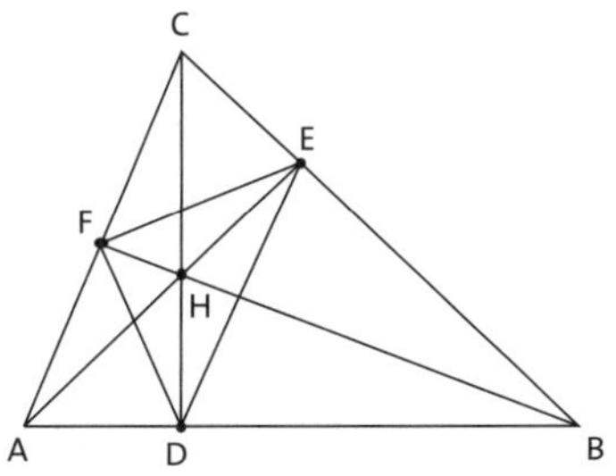

Es reicht, dies für den Winkel bei D und die Höhe CD zu zeigen: D und F sowie D und E liegen auf dem Thaleskreis über HA bzw. HB. Die in der Abbildung mit α bezeichneten Umfangswinkel über der Sehne AF sind gleich, entsprechend die Winkel β über der Sehne BE.
Da α und β bei H Scheitelwinkel sind, folgt:
$\sphericalangle$ CDF = 90° – α = 90° – β = $\sphericalangle$ EDC.

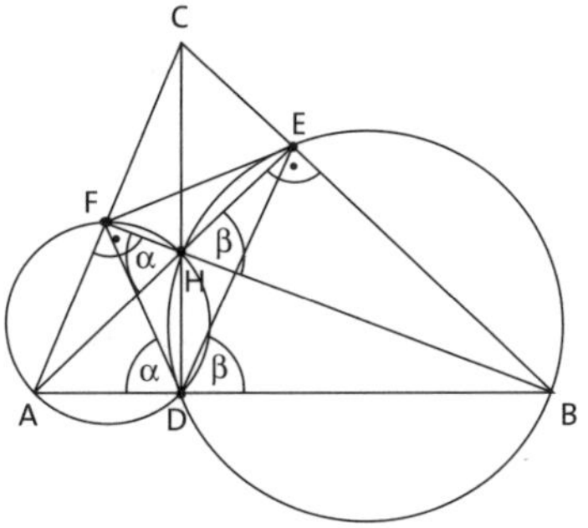

Aufgaben

1.

a) Zeige, dass die Winkel zwischen den Sehnen CA bzw. CB und der Tangente in C gleich den Umfangswinkeln über den Sehnen CA und CB sind („Sehnen-Tangenten-Winkel“).

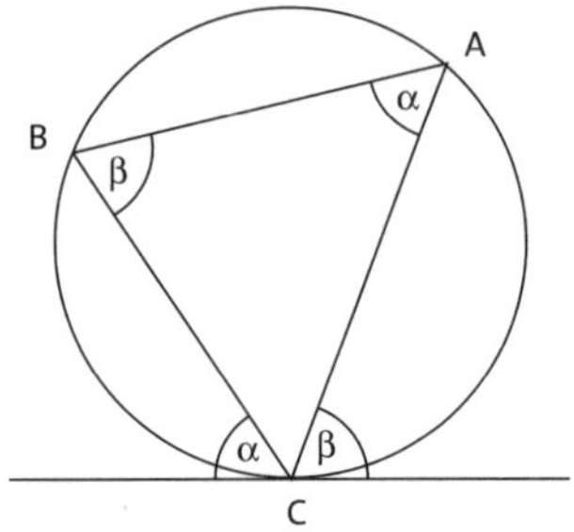

b) Zwei Kreise berühren sich in P. Zwei Sehnen durch P schneiden die Kreise in A, B und C, D.

Zeige mit Hilfe von a), dass AC und BD parallel sind.

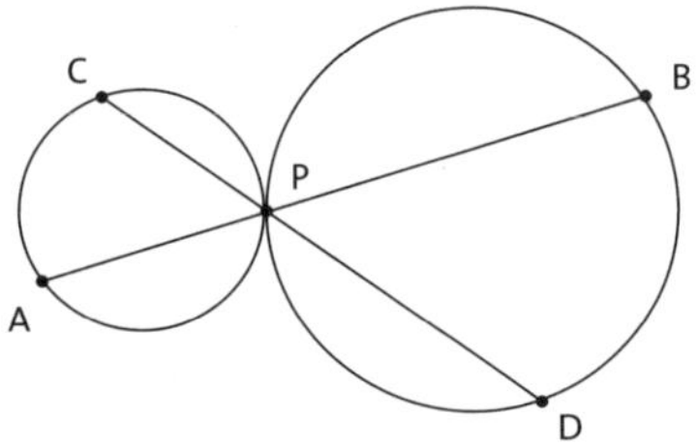

c) Zwei Kreise berühren sich innen in C. Eine Sehne AB des äußeren Kreises berührt den inneren Kreis in D.

Zeige mit Hilfe von a), dass CD den Winkel ∢ BCA halbiert.

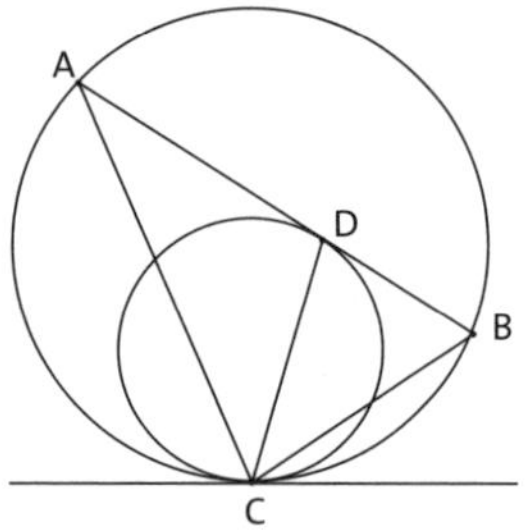

2.

a) Im Δ ABC sei ∢ A = 30°.

Zeige, dass BC der Radius des Umkreises von Δ ABC ist.

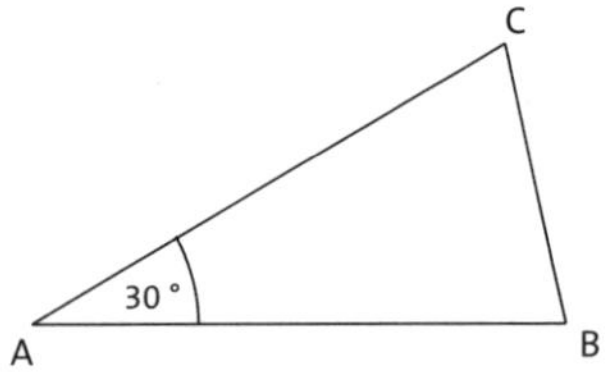

b) Sei P ein Punkt auf dem Durchmesser eines Halbkreises. PA, PB und der Durchmesser bilden drei 60°-Winkel.

Zeige, dass AB der Kreisradius ist.

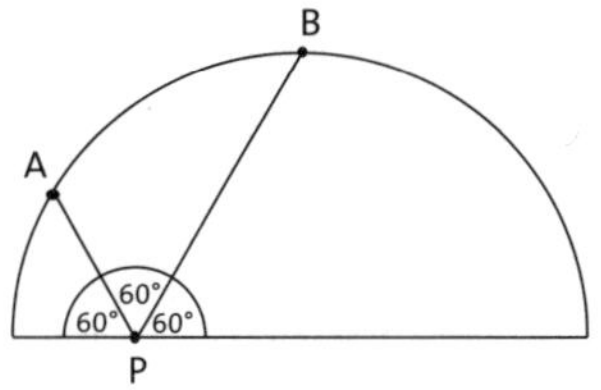

c) Gegeben sei ein Kreis mit den Tangenten AB und AC, sowie ∢ A = 40°. Sei D ein beliebiger Kreispunkt.

Wie groß ist ∢ BDC?

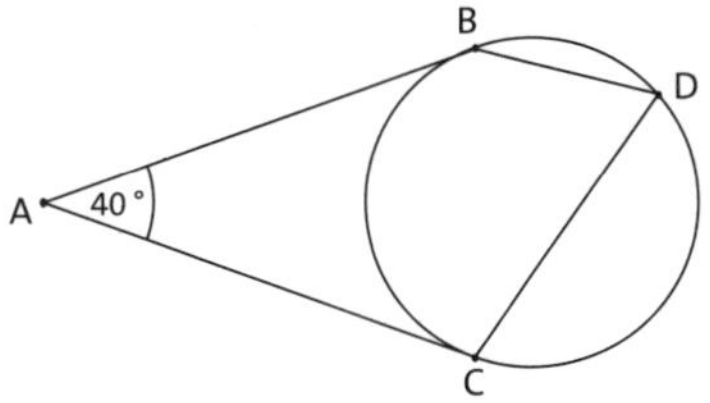

3.

Der Winkel zwischen zwei Sehnen bzw. zwei Sekanten sei γ. Die Sehnen bzw. Sekanten begrenzen Kreisbögen, deren Mittelpunktswinkel α und β seien.

Zeige:

a) $\gamma = \frac{1}{2}(\alpha + \beta)$,

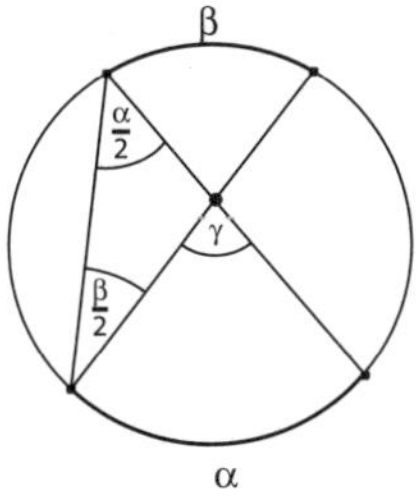

b) $\gamma = \frac{1}{2}(\alpha - \beta)$.

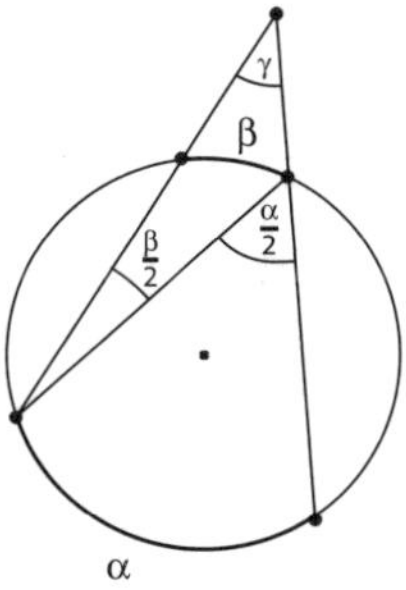

4.

a) Sei I der Inkreismittelpunkt von Δ ABC und D der Schnittpunkt von CI mit dem Umkreis.

Zeige: DA = DB = DI.

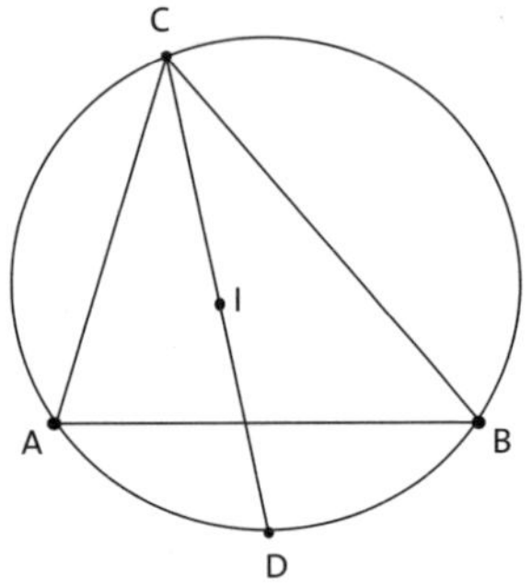

b) Seien A und B die Schnittpunkte von zwei Kreisen und C ein beliebiger Punkt auf einem Kreis. Der andere Kreis wird von CA und CB in R bzw. S geschnitten.

Zeige, dass die Länge von RS konstant, d. h. unabhängig von C ist.

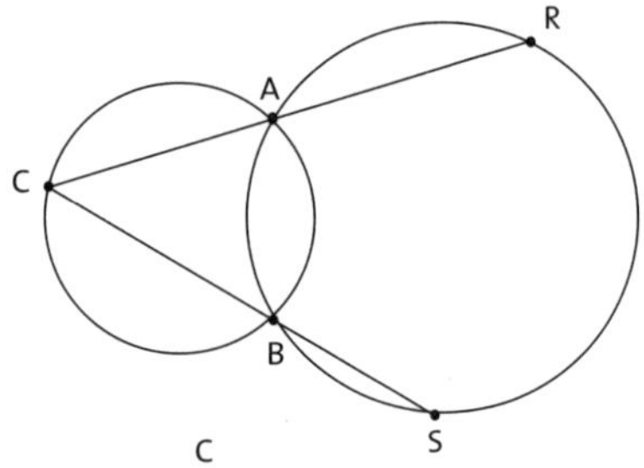

c) Gegeben sei Δ ABC mit Höhenschnittpunkt H. Fälle von H die Lote auf die innere und äußere Winkelhalbierende von $\sphericalangle$ A. Seien P und Q die Lotfußpunkte.

Zeige: PQ schneidet BC im Mittelpunkt M.

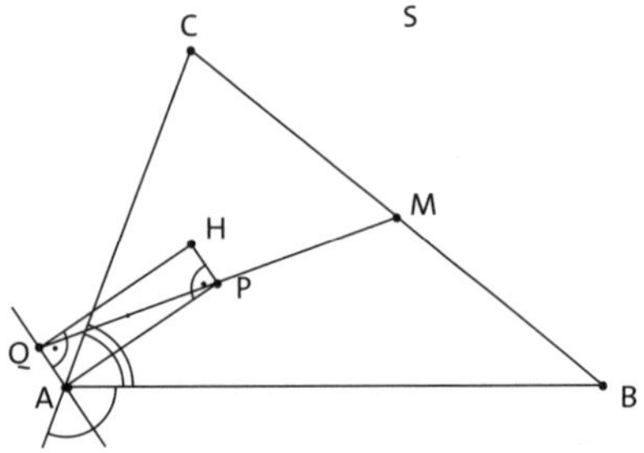

5.

Welcher Zusammenhang besteht zwischen α und β in den beiden Abbildungen?

a) Sei AB = AC = AD.

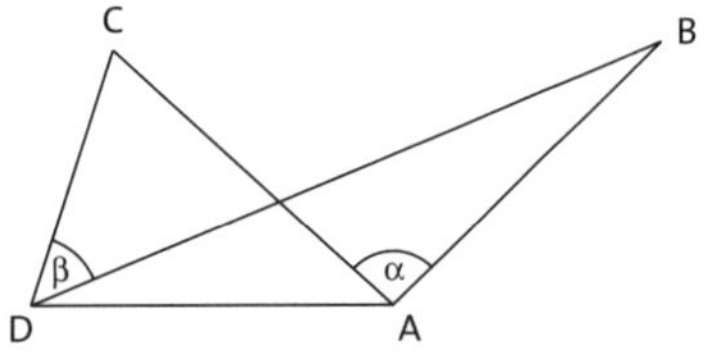

b) A und B seien die Mittelpunkte der beiden Kreise.

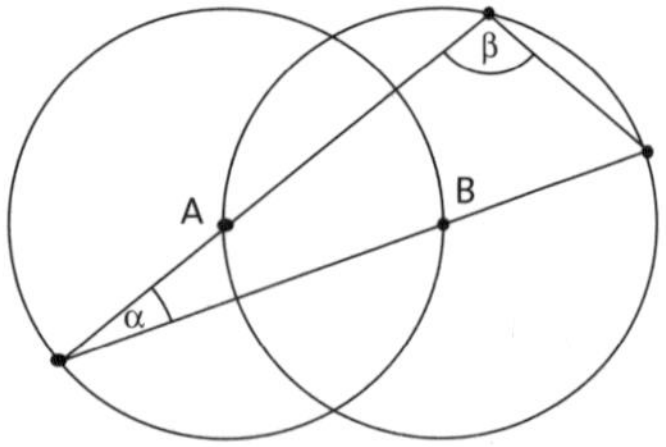

[Eins plus]

KOPIERVORLAGE

6.

a) Der Umkreis von Δ ABC werde von den Höhen in D, E und F geschnitten.

Zeige, dass die Strecken HD, HE und HF durch die Dreiecksseiten halbiert werden.

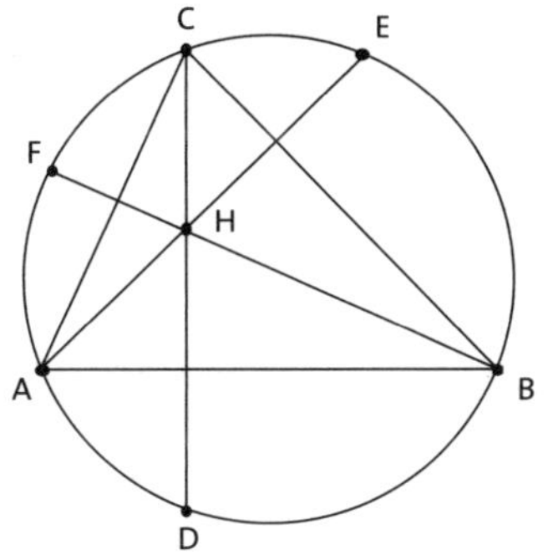

b) In Δ ABC seien CH, CW und CS Höhe, Winkelhalbierende bzw. Seitenhalbierende durch C. Diese drei Strecken teilen den Winkel bei C in vier gleiche Teile.

Zeige: ∢ ACB = 90°

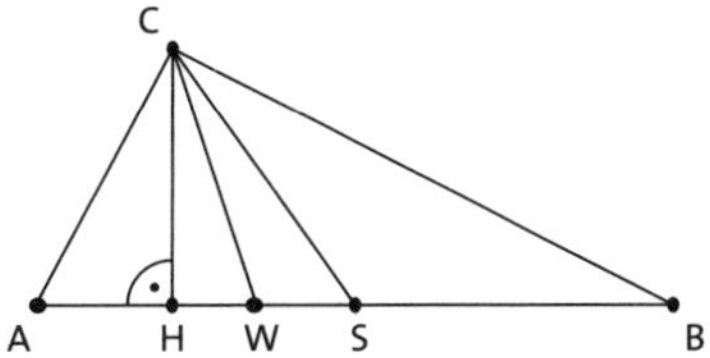

c) Sei Δ ABC gleichseitig und D ein beliebiger Punkt auf dem Umkreis zwischen B und C.

Zeige: DA = DB + DC.

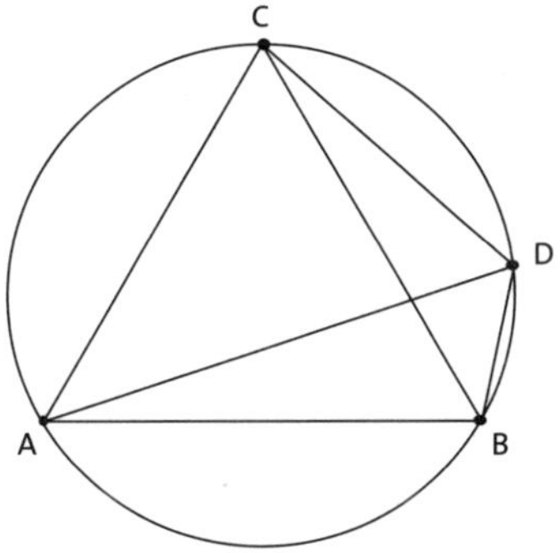

[Eins plus]

KOPIERVORLAGE

7.

a) Sei ABCDEFG ein regelmäßiges Siebeneck. Die Diagonale AC und BF schneiden sich in P.

Berechne ∢ APB.

b) Gegeben seien die Kreispunkte A, B, C, D und Q, sodass ∢ BAQ = 19° und ∢ QDC = 21°. Sei P der Schnittpunkt von AB und CD.

Wie groß ist ∢ P + ∢ Q?

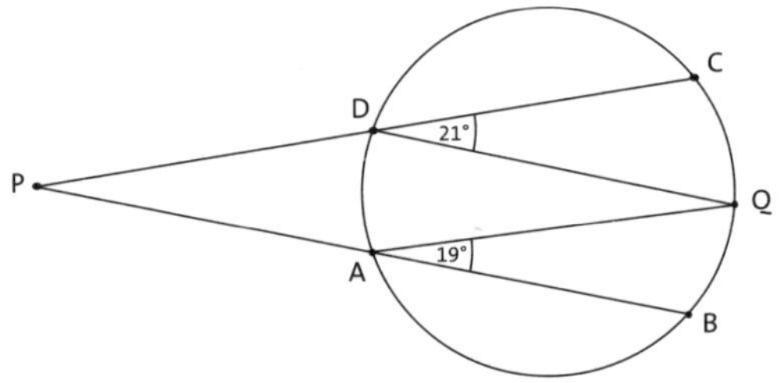

c) Für die Kreispunkte A, B, C, D gelte AB = BC = CD und ∢ E = 40°.

Bestimme ∢ DBA.

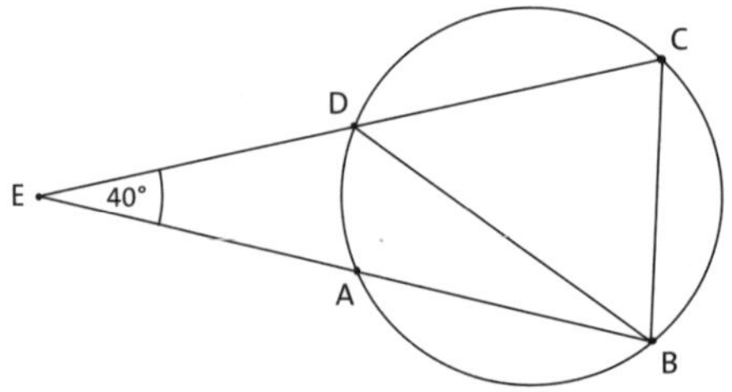

Lösungen

(Aufgaben Seite 78–82)

1.

a) Der Durchmesser CD steht senkrecht auf der Tangente und im Δ ACD gilt: ∢ D = β, ∢ A = 90°, ∢ C = 90°– β. Also ist der Winkel zwischen AC und der Tangente β.

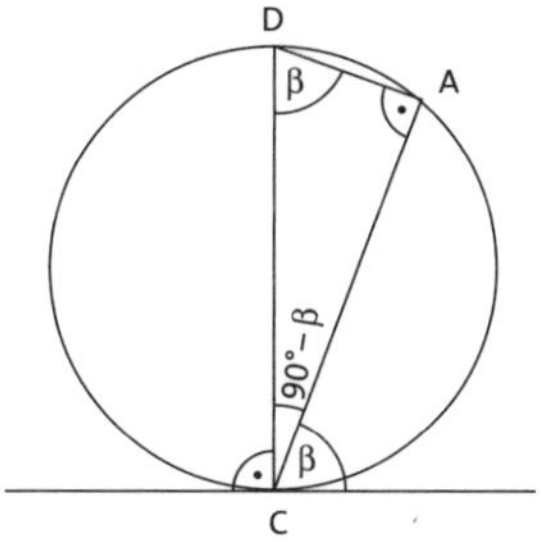

b) Zeichne in P die gemeinsame Kreistangente. Dann sind zum einen α und β Sehnen-Tangenten-Winkel, zum anderen Scheitelwinkel bei P.

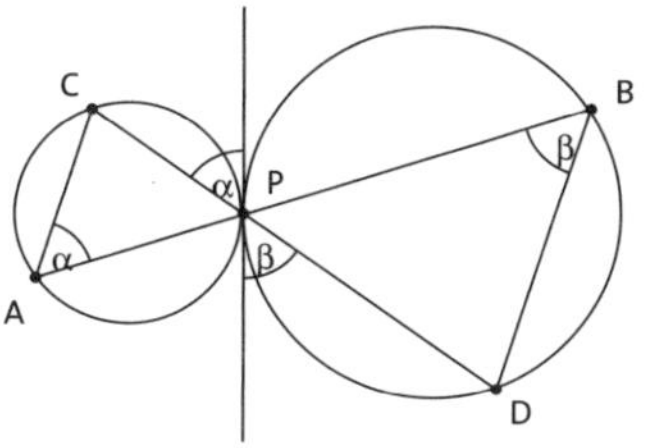

c) Sei S der Schnittpunkt der Tangenten. Sei α = ∢ DCA, β = ∢ BCD und γ= ∢ CAD. Dann ist ∢ SCB = γ (Sehnen-Tangenten-Winkel). ∢ BDC ist zum einen $\beta + \gamma$, weil SC = SD, zum anderen $\alpha + \gamma$ (Außenwinkel in Δ ACD).
Aus $\beta + \gamma = \alpha + \gamma$ folgt $\alpha = \beta$.

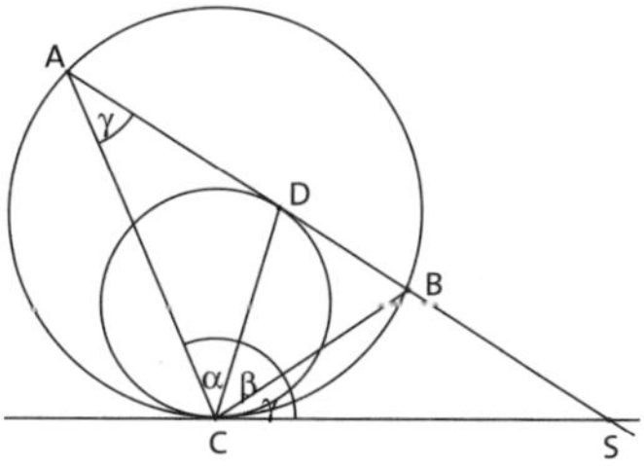

2.

a) Im Umkreis von Δ ABC ist der Umfangswinkel zu BC 30°, also ist der Mittelpunktswinkel von BC 60°.

b) Spiegelt man A am Durchmesser nach C, so ist ∢ BCA = 30° und der zugehörige Mittelpunktswinkel 60°.

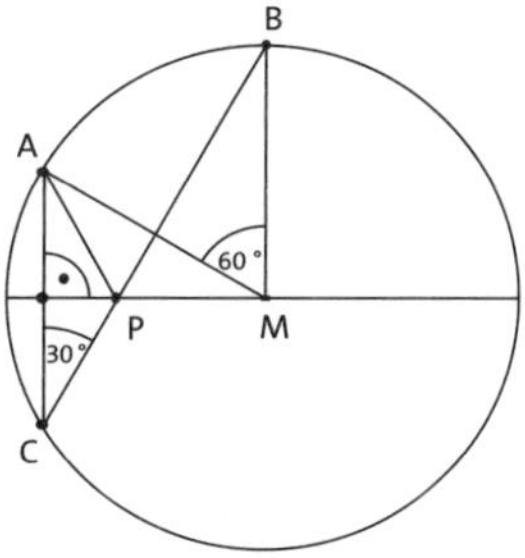

c) Sei M der Kreismittelpunkt. Dann ist der Mittelpunktswinkel der Sehne BC: 360° – 2 · 90° – 40° = 140°, also ist der Umfangswinkel bei D 70°.

3.

a)

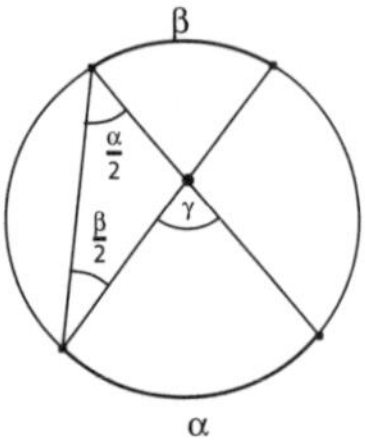

b)

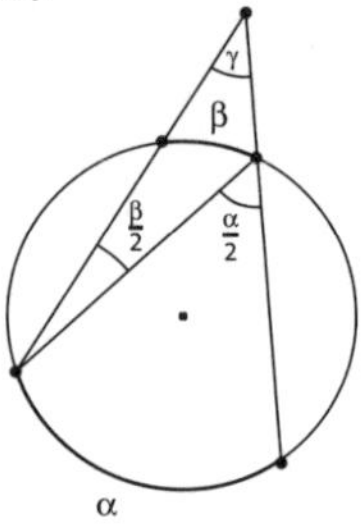

4.

a) AI und CI halbieren die Winkel in A und C. Da die Umfangswinkel über den Sehnen DA und DB gleich sind, gilt DA = DB. Da ∢ DAB = γ (Umfangswinkel) und ∢ AID = $\alpha + \gamma$ (Außenwinkel), ist Δ AID gleichschenklig, d. h. DA = DI.

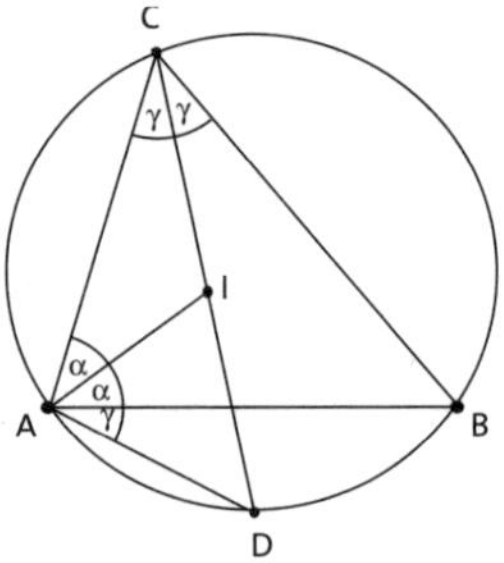

b) Die Umfangswinkel α und β bei C bzw. S über der Sehne AB sind konstant, also ist auch ∢ SAR = $\alpha + \beta$ (Außenwinkel) konstant und somit auch SR.

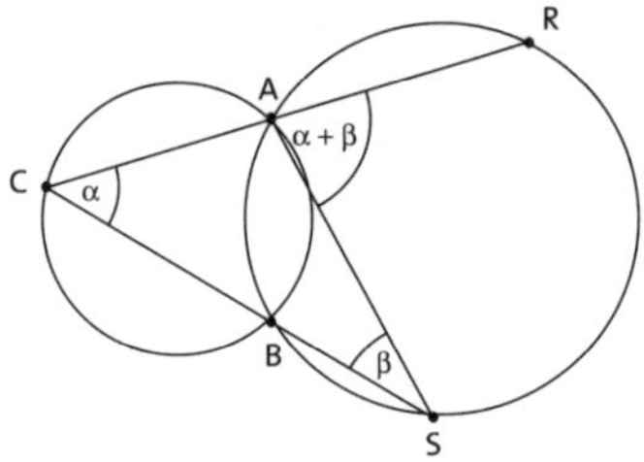

c) Da die Winkelhalbierenden senkrecht aufeinander stehen ist APHQ ein Rechteck. Dessen Umkreis schneidet AB und AC in den Höhenfußpunkten D und E. Da P auf der Winkelhalbierenden von ∢ A liegt, sind die Sehnen PE und PD gleich lang. Also ist der Kreisdurchmesser PQ Mittellot von DE. Da D und E auf dem Thaleskreis über BC liegen, geht das Mittellot der Sehne DE durch den Mittelpunkt M.

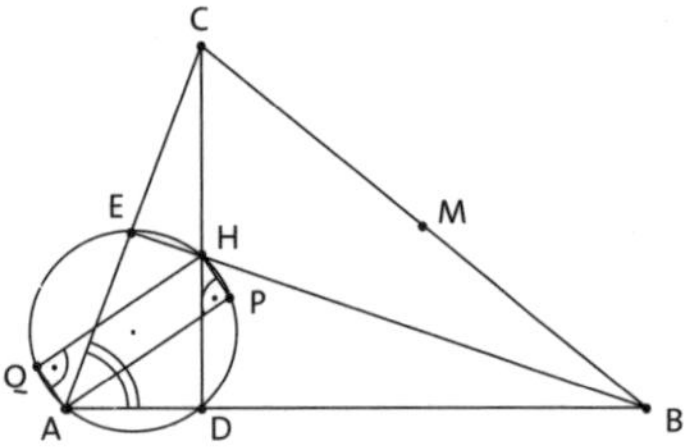

5.

a) Beim Kreis um A durch B, C und D ist α der Mittelpunktswinkel von BC und β der zugehörige Umfangswinkel, also gilt: $\alpha = 2\beta$.

b) $\sphericalangle$ ABC = 2β ist der Mittelpunktswinkel zum Umfangswinkel β.
Aus $2\beta - \alpha = 180°$ folgt $\beta = 90° + \frac{\alpha}{2}$.

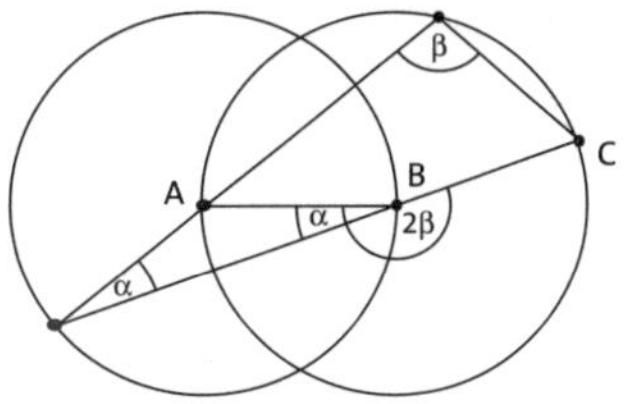

6.

a) Die Winkel α, β und γ sind gleich, denn $\alpha = \gamma$, weil die Schenkel senkrecht aufeinander stehen, und $\gamma = \beta$ als Umfangswinkel über der Sehne BD. Also ist AB Mittellot von HD. Entsprechendes gilt für E und F.

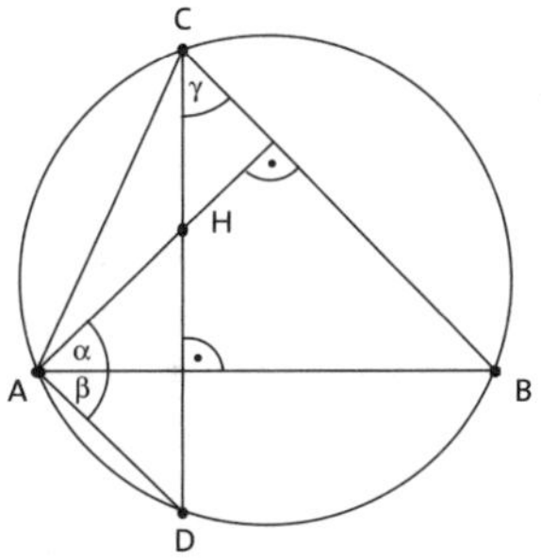

b) Seien D und E die Schnittpunkte von CW bzw. CS mit dem Umkreis von Δ ABC. Die Winkelhalbierende von $\sphericalangle$ C halbiert den Bogen $\overset{\frown}{AB}$, also ist DS Mittellot von AB und somit Kreisdurchmesser.
Da $\sphericalangle$ EAB = $\sphericalangle$ ECB = γ und $\alpha + \gamma = 90°$ in Δ AHC gilt, ist CE ein Kreisdurchmesser. Somit ist S als Schnittpunkt von zwei Durchmessern der Kreismittelpunkt, also ist $\sphericalangle$ C = 90°.

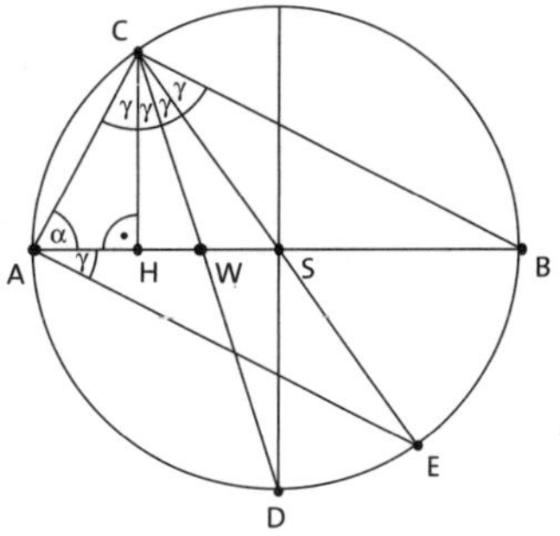

c) Wähle E auf DA so, dass DE = DB. Da $\sphericalangle$ ADB = $\sphericalangle$ ACB = 60°, ist Δ BDE gleichseitig. Bei einer 60°-Drehung um B geht E nach D und A nach C, also gilt DC = EA und somit:
DA = DE + EA = DB + DC.

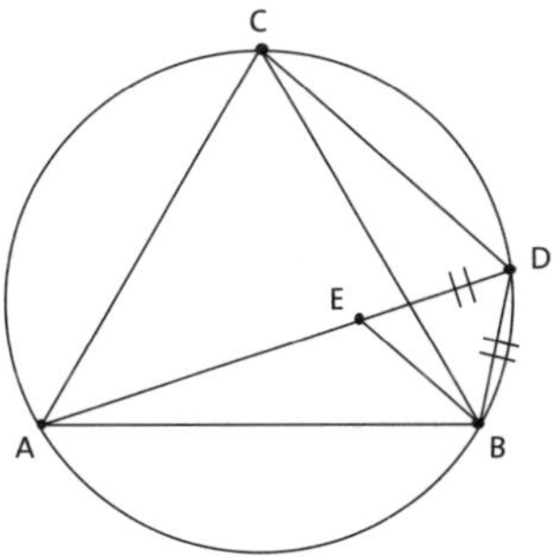

7.

a) Zeichne den Umkreis mit Mittelpunkt M. Dann gilt:

$$\sphericalangle APB = \sphericalangle CBF + \sphericalangle ACB$$
$$= \frac{1}{2} \cdot \sphericalangle CMF + \frac{1}{2} \cdot \sphericalangle AMB$$
$$= \frac{1}{2} \cdot \frac{360°}{7} \cdot 3 + \frac{1}{2} \cdot \frac{360°}{7}$$
$$= \frac{720°}{7}$$

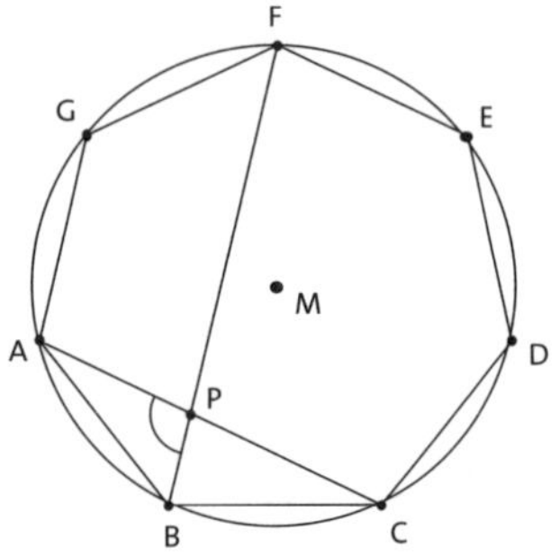

b) Sei $\alpha = \sphericalangle DBA = \sphericalangle Q$. Wegen $\sphericalangle BDC = 21° + 19° = 40°$ gilt $\sphericalangle P + \alpha = 40°$ und somit $\sphericalangle P + \sphericalangle Q = 40°$.

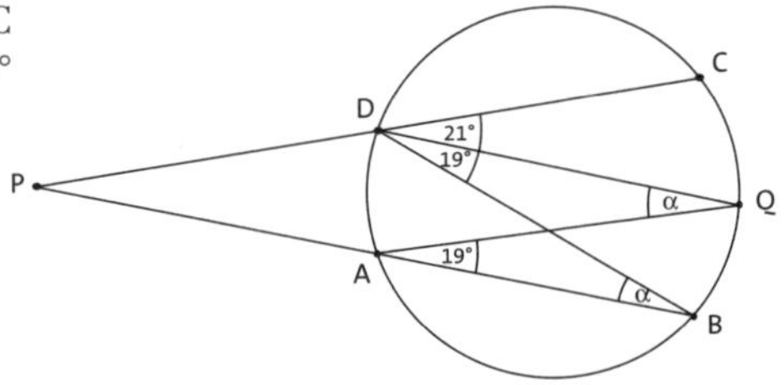

c) Sei α der Umfangswinkel über den gleich langen Sehnen. Für den gesuchten Winkel x gilt dann $x + 3\alpha = 180°$ und $x + 40° = \alpha$, also $x = 15°$.

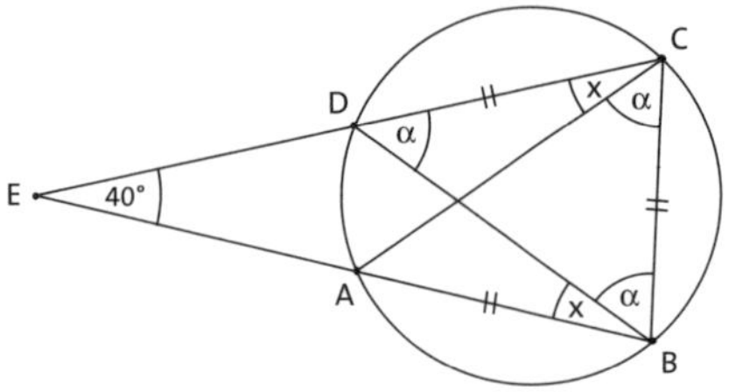

Weitere Aufgaben

Bei den folgenden Aufgaben geht es um Ortskurven, d. h. um die Suche nach dem geometrischen Ort eines Punktes, wenn andere mit ihm verbundene Punkte sich bewegen. Solche Aufgaben wären ohne Hilfe im Allgemeinen zu schwierig für die Samaka. Durch den Einsatz von dynamischer Geometriesoftware werden diese Aufgaben aber zugänglich gemacht, denn die gesuchten Ortskurven können dadurch experimentell bestimmt werden. In der Samaka wurde als dynamische Geometriesoftware Euklid-DynaGeo benutzt. Die Lösung der Aufgaben bestand darin zu beweisen, dass die Ortskurven tatsächlich die auf dem Bildschirm beobachteten Kreise oder Geraden sind.

8.

Gegeben ist ein Kreis mit einer festen Sehne AB und ein beweglicher Punkt C auf dem Kreis.

Welches ist der geometrische Ort des

a) Inkreismittelpunktes I,

b) Höhenschnittpunktes H von Δ ABC?

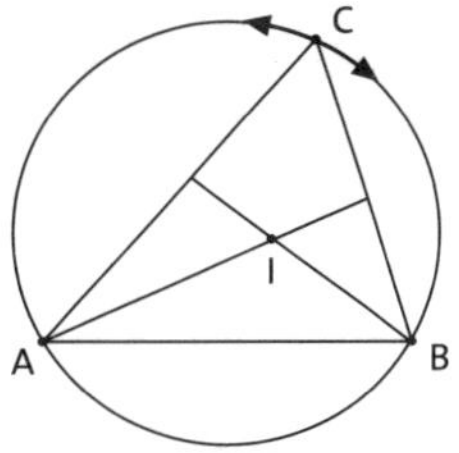

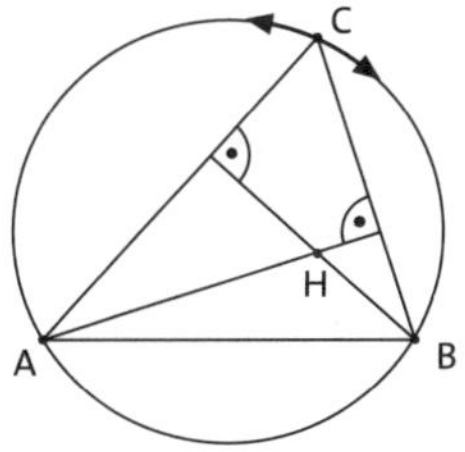

9.

Gegeben ist ein Kreis mit fester Sehne AB. Eine Sehne CD mit fester Länge ist auf dem Kreis beweglich.

Welche Kurve beschreibt der Schnittpunkt:

a) X von AC mit BD,

b) Y von AD mit BC?

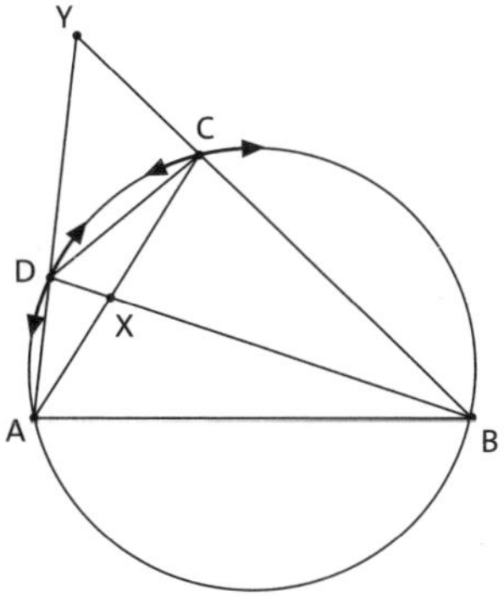

10.

a) Ein Halbkreis gleitet mit den Endpunkten A und B seines Durchmessers auf den Schenkeln eines rechten Winkels mit Scheitel O.

Wie bewegt sich ein Punkt X des Halbkreises?

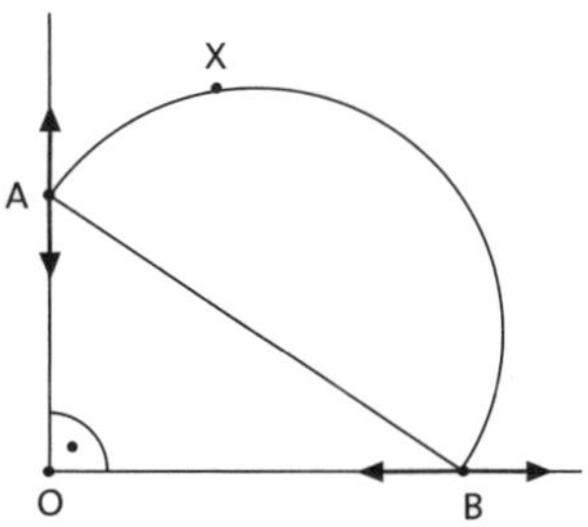

b) Die Punkte A und B können sich unabhängig voneinander auf den Schenkeln eines rechten Winkels (Scheitel O) bewegen. Sei ABCD ein Quadrat mit Mittelpunkt X.

Welches ist die Ortskurve von X?

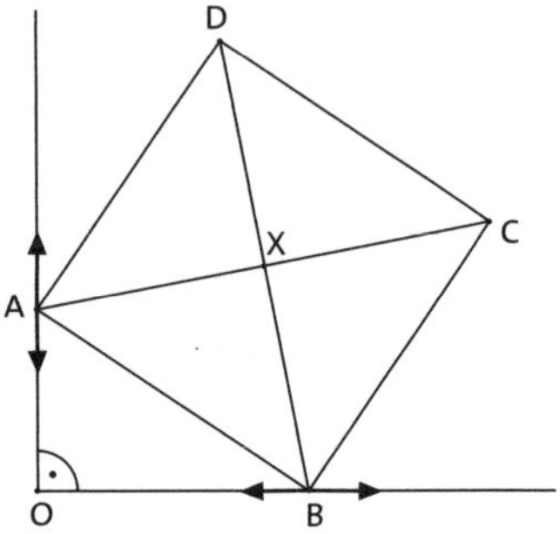

11.

a) Zwei Kreise mit gleichen Radien schneiden sich in A und B. Eine bewegliche Sehne durch B schneidet die Kreise in X und Y.

Welches ist die Ortskurve des Mittelpunkts M von XY?

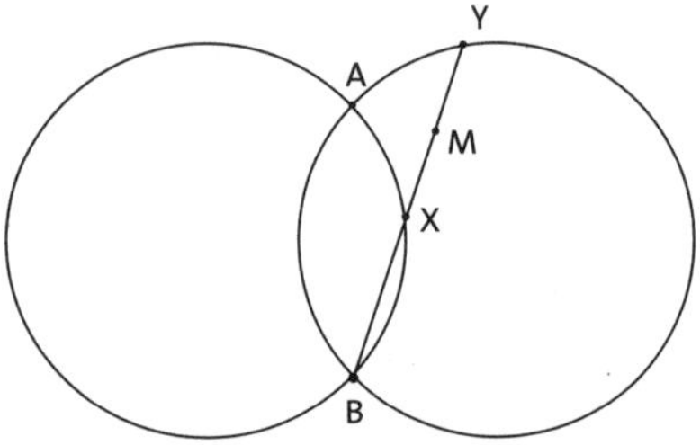

b) Gegeben ist eine feste Sehne AB und ein beweglicher Punkt C auf dem Kreis. Sei X auf der Verlängerung von AC so gewählt, dass CX = CB gilt.

Was ist die Ortskurve von X?

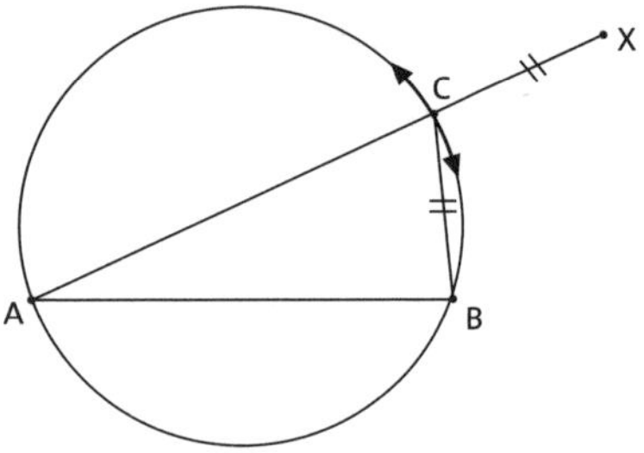

12.

Gegeben seien zwei Kreise mit gemeinsamer Sehne RS. Sei A ein beweglicher Punkt auf einem der Kreise und B, C die Schnittpunkte von AR bzw. AS mit dem anderen Kreis.

Welches ist der geometrische Ort des Umkreismittelpunktes X von Δ ABC?

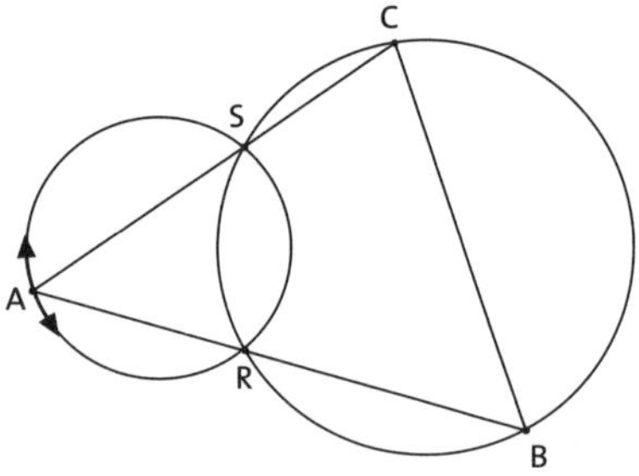

13.

Gegeben sei ein Kreis mit drei festen Punkten A, B und C. Eine bewegliche Sehne durch C schneide AB in R und den Kreis in S.

Welches ist die Ortskurve des Umkreismittelpunktes X von Δ ASR?

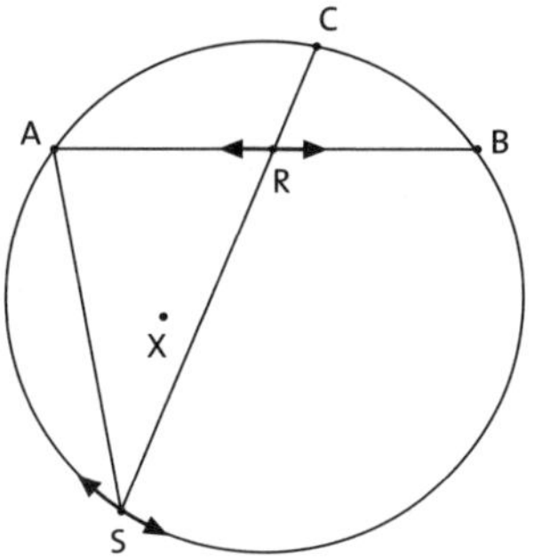

14.

Sei X ein beliebiger Punkt innerhalb eines gleichseitigen Δ ABC. Die Fußpunkte der Lote von X auf die Dreiecksseiten seien D, E und F.

Wo liegen alle Punkte X, für die ∢ EDF = 90° ist?

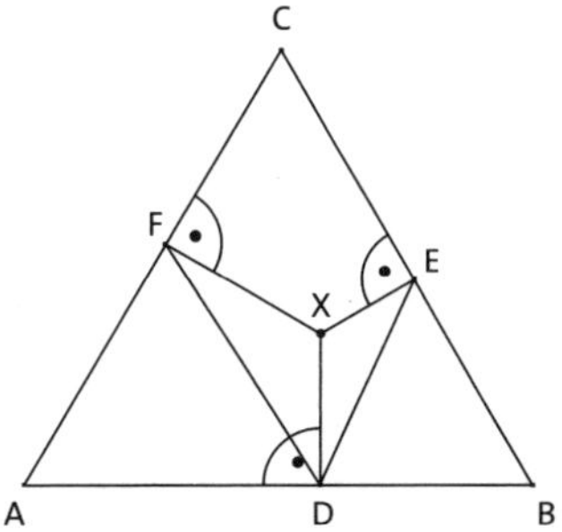

15.

Sei AC eine feste Sehne und BD eine bewegliche Sehne, für die CB = CD gilt. Sei M der Schnittpunkt von AC mit BD.

Finde die Ortskurve für den Umkreismittelpunkt X von Δ ABM.

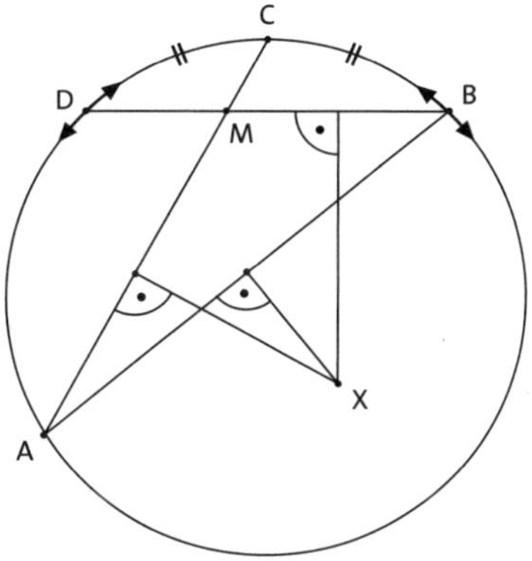

16.

Eine Kreisscheibe rollt innerhalb eines Kreises mit doppelt so großem Radius.

Welche Kurve beschreibt dabei ein fester Punkt X auf der Kreisscheibe?

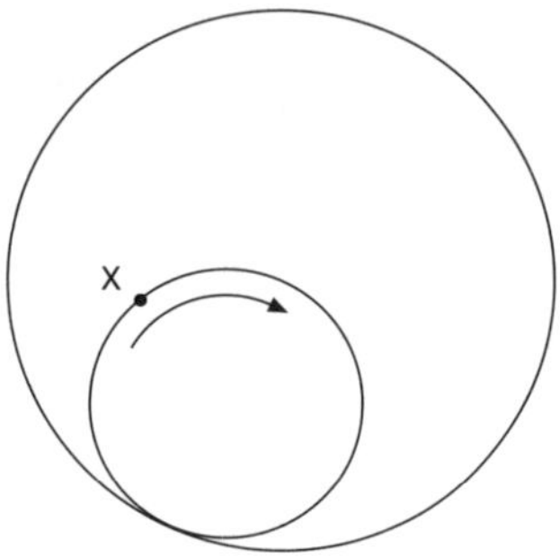

Lösungen

(Aufgaben Seite 86–90)

8.

Der Winkel γ bei C ist konstant. Es gilt:

a) $\sphericalangle$ AIB = $90° + \frac{\gamma}{2}$ und b) $\sphericalangle$ AHB = $90° - \gamma$.

Also bewegen sich sowohl I als auch H auf Kreisen mit AB als Sehne.

9.

Die Umfangswinkel α und β über den Sehnen AB bzw. CD sind konstant. Es gilt $\sphericalangle$ AXB = $\alpha + \beta$ und $\sphericalangle$ AYB = $\alpha - \beta$, also bewegen sich X und Y auf Kreisen, die durch A und B gehen.

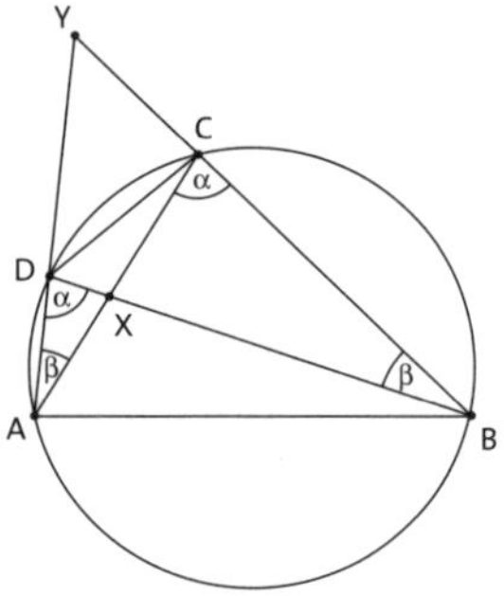

10.

a) Der Kreis mit Durchmesser AB geht immer durch O. Der Umfangswinkel $\sphericalangle$ XOA über der Sehne AX ist konstant, also bewegt sich X auf einer Geraden durch O.

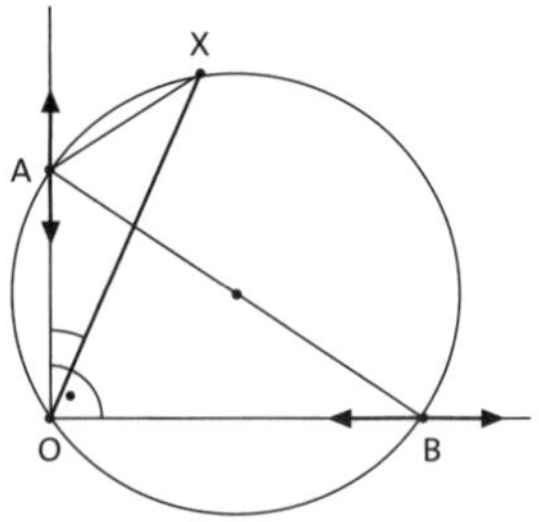

b) Der Thaleskreis über AB geht durch X und O. Der Umfangswinkel über BX ist 45°, also bewegt sich X auf der Winkelhalbierendenden durch O.

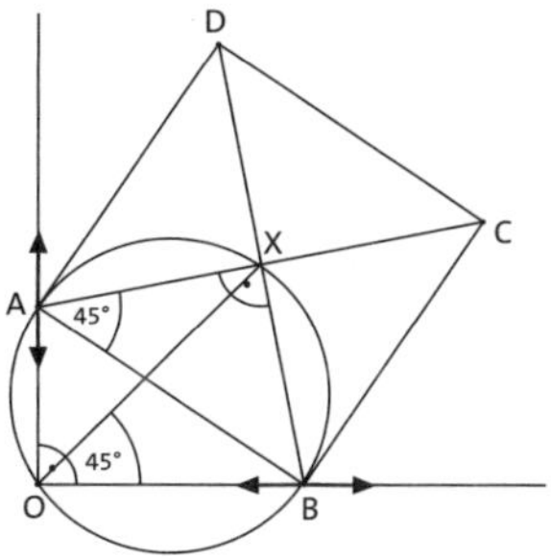

11.

a) Die Umfangswinkel α und β über der Sehne AB sind konstant. Da die Kreise zu AB symmetrisch sind, gilt für die zugehörigen Mittelpunktswinkel
$2\alpha + 2\beta = 360°$, also $\alpha + \beta = 180°$.
Somit ist ∢ YXA = β und Δ XYA gleichschenklig, also steht AM auf XY senkrecht, d. h. M bewegt sich auf dem Thaleskreis über AB.

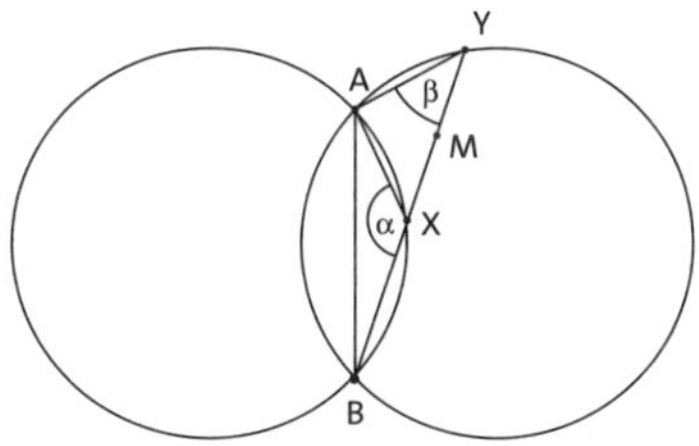

b) Sei γ = ∢ C der konstante Umfangswinkel über AB. Dann ist ∢ BXA = $\frac{\gamma}{2}$, d. h. X bewegt sich auf einem Kreis durch A und B.

12.

Da die Umfangswinkel über der Sehne RS bei A und B konstant sind, ist auch ∢ BSC konstant, also ist die Länge von BC konstant. Das Mittellot DX von BC geht durch den Kreismittelpunkt M. Da BC konstante Länge hat, ist sowohl DM als auch DX konstant, also ist auch MX konstant. Somit liegt X auf einem Kreis um M.

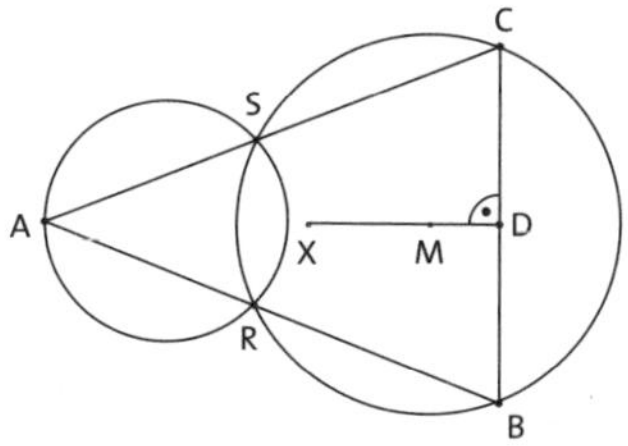

13.

Der Umfangswinkel α über der festen Sehne AC ist konstant. Der zugehörige Mittelpunktswinkel im Umkreis von Δ ASR ist 2α; also ist ∢ XAR = 90° – α konstant, d. h. X bewegt sich auf einer Geraden durch A.

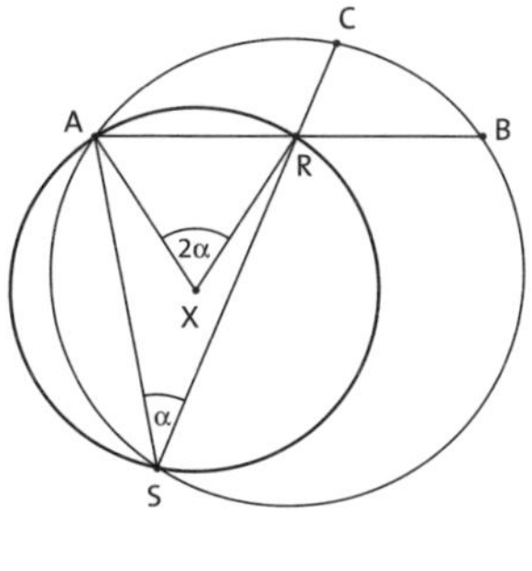

14.

Die Thaleskreise über XA und XB gehen durch D und F bzw. D und E. Die Umfangswinkel über XF und XE seien α bzw. β.
Es soll gelten $\sphericalangle$ EDF $= \alpha + \beta = 90°$. Da $\sphericalangle$ A $= \sphericalangle$ B $= 60°$, folgt $\sphericalangle$ DAX $+ \sphericalangle$ XBD $= 30°$ und somit $\sphericalangle$ AXB $= 150°$. Also liegt X auf einem Kreis durch A und B.

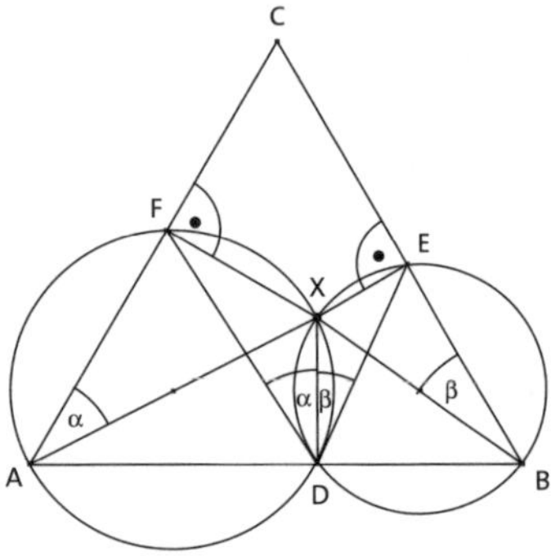

15.

Sei O der Kreismittelpunkt, CE Kreisdurchmesser, sowie α und β Umfangswinkel über BC bzw. AD. Der Winkel zwischen AC und BD ist konstant, also ist auch $\alpha + \beta$ konstant. Das Mittellot von AB geht durch O und bildet mit dem Mittellot XF von AM den Winkel α. Da F den Bogen $\overset{\frown}{AM}$ des Umkreises von Δ ABM halbiert, ist BF die Winkelhalbierende von $\sphericalangle$ B und der Mittelpunktswinkel $\sphericalangle$ FXA $= \beta$. Da $\sphericalangle$ OXA $= \alpha + \beta$ konstant ist, liegt X auf dem Kreis durch O, A und E.

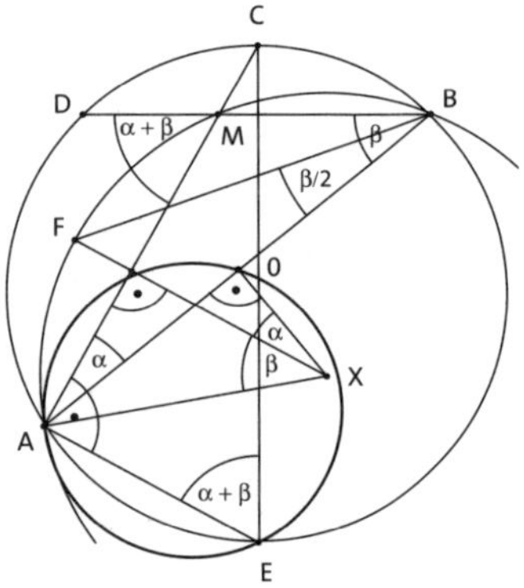

16.

Seien M und O die Mittelpunkte der Kreisscheibe bzw. des Kreises. Sei A der Kreispunkt, bei dem X anfing sich mit der Kreisscheibe zu drehen. Sei B der Berührpunkt von Kreisscheibe und Kreis. Dann gilt:
$\alpha = \sphericalangle \text{XOB} = \frac{1}{2} \sphericalangle \text{XMB}$.

Da die Bögen $\overset{\frown}{AB}$ und $\overset{\frown}{XB}$ gleich lang sind, gilt $\sphericalangle$ AOB $= \alpha$. Also liegt X immer auf AO, d. h. die Ortskurve ist der Kreisdurchmesser durch A.

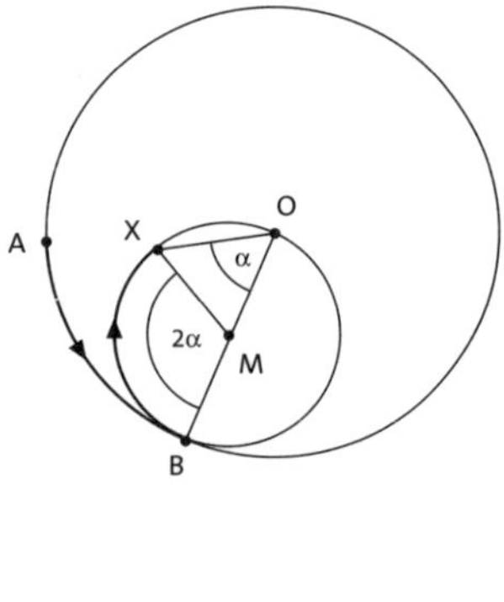

3. Sehnenvierecke

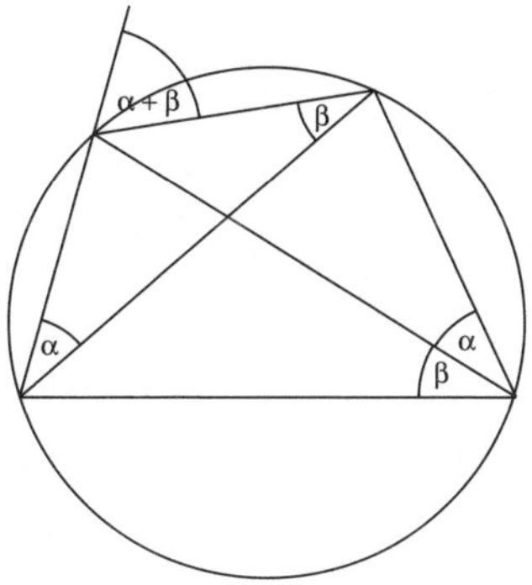

Vierecke, die einen Umkreis haben, heißen Sehnenvierecke. Mit Hilfe des mehrfach angewandten Umfangswinkelsatzes ergeben sich zwei wichtige Eigenschaften von Sehnenvierecken:

- Der Winkel zwischen einer Seite und einer Diagonalen ist gleich dem Winkel zwischen der gegenüberliegenden Seite und der anderen Diagonalen.
- Die Summe gegenüberliegender Winkel ist 180°.
- Wenn in einem Viereck gegenüberliegende Winkel sich zu 180° ergänzen, dann ist es ein Sehnenviereck, denn wäre $\sphericalangle$ C kleiner (größer) als 180° – $\sphericalangle\ \alpha$, müsste C außerhalb (innerhalb) des Umkreises von Δ ABD liegen.

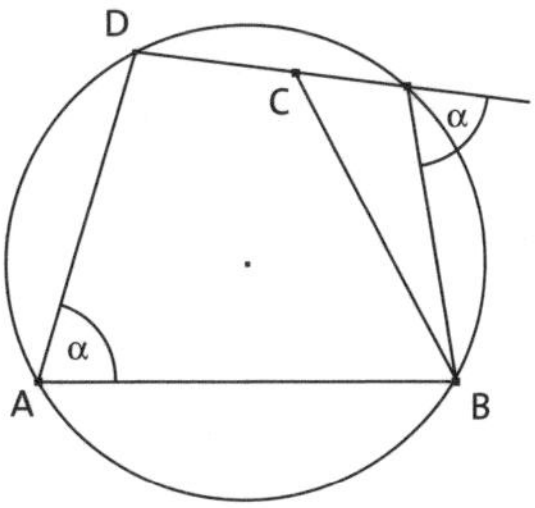

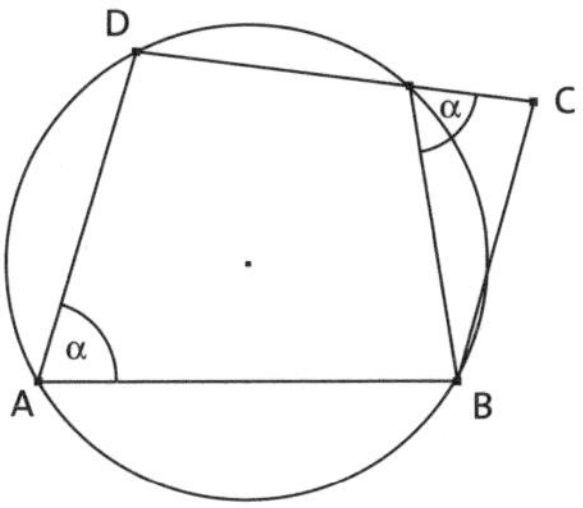

Als Einstieg wird folgender Satz bewiesen:

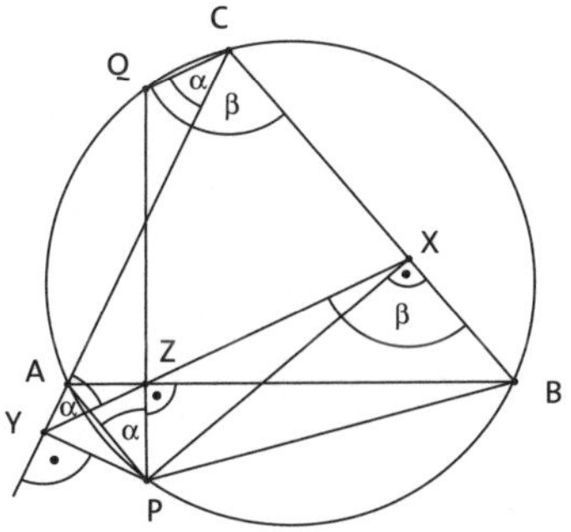

Voraussetzung: Gegeben sei ein Dreieck ABC und ein Punkt P auf dem Umkreis. Seien X, Y, Z die Fußpunkte der Lote von P auf die Dreiecksseiten.
Behauptung: X, Y und Z liegen auf einer Geraden.
Beweis: Sei Q der Schnittpunkt von PZ mit dem Umkreis. Es wird gezeigt, dass sowohl YZ als auch ZX parallel zu QC ist.

Die folgenden drei Vierecke sind Sehnenvierecke:

- AYPZ (zwei gegenüberliegende 90°-Winkel)
- BCQP (Punkte liegen auf dem Umkreis)
- BXZP (X und Z liegen auf dem Thaleskreis von BP)

Es gilt $\alpha := \sphericalangle QCA = \sphericalangle QPA = \sphericalangle ZYC$ (Umfangswinkel über AQ und Umfangswinkel im Sehnenviereck AYPZ), also $YZ \parallel QC$.
Es gilt $\beta := \sphericalangle QCB = \sphericalangle ZXB$ (beide Winkel ergänzen sich mit $\sphericalangle BPQ$ zu 180°), also $ZX \parallel QC$.

Aufgaben

1.

a) Im Δ ABC seien D, E und F beliebige Punkte auf den Dreiecksseiten AB, BC bzw. CA.

Zeige: Die Umkreise von Δ ADF, Δ BED und Δ CFE schneiden sich in einem Punkt.

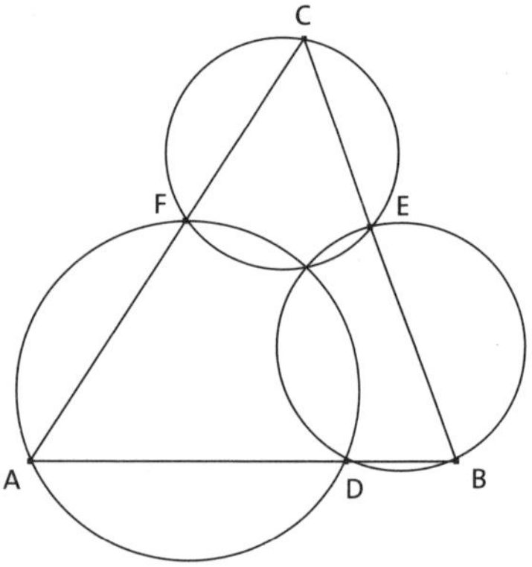

b) Zeige, dass das Δ A'B'C' aus den Mittelpunkten der drei Kreise ähnlich zu Δ ABC ist.

c) Zeige, dass A, D und B auf einer Geraden liegen.

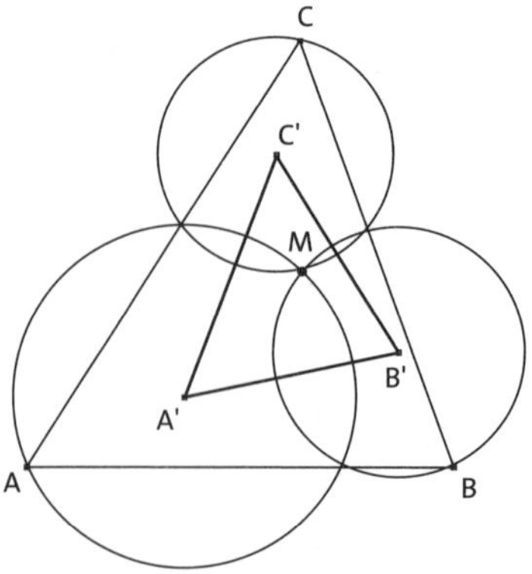

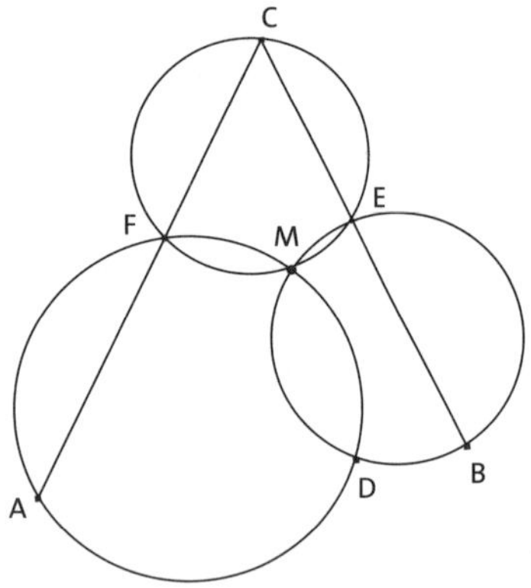

d) **Anmerkung:**
Wie aus dieser Aufgabe ein anspruchvolles Wettbewerbsproblem entstehen kann, zeigt die 1. Aufgabe der Internationalen Mathematikolympiade 2004:

Es sei ABC ein spitzwinkliges Dreieck mit $\overline{AB} \neq \overline{AC}$. Der Kreis mit dem Durchmesser BC schneidet die Seiten AB und AC in M bzw. N. Der Mittelpunkt der Seite BC sei O. Die Winkelhalbierenden der Winkel ∢ BAC und ∢ MON schneiden sich in R. Man beweise, dass die Umkreise der Dreiecke BRM und CNR einen gemeinsamen Punkt haben, der auf der Seite BC liegt.

Lösungsidee:
Wenn gezeigt werden kann, dass AMRN ein Sehnenviereck ist, dann liegt – nach Aufgabe 1c) – L auf BC.

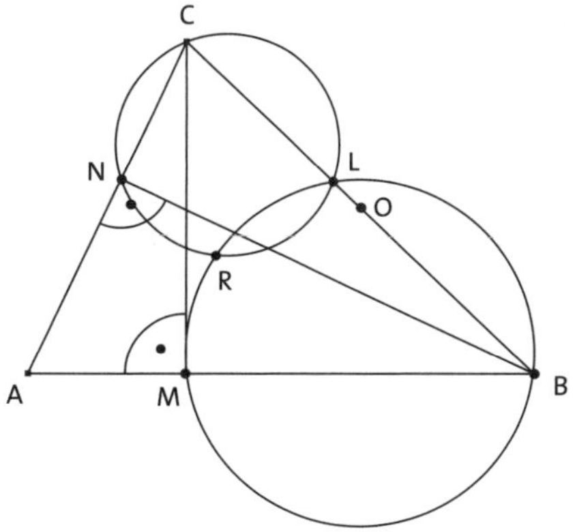

2.

a) Gegeben ist ein beliebiges Viereck ABCD.

Zeige, dass die Winkelhalbierenden ein Sehnenviereck EFGH bestimmen. Für welche Vierecke ABCD ist EFGH ein Rechteck bzw. ein Quadrat?

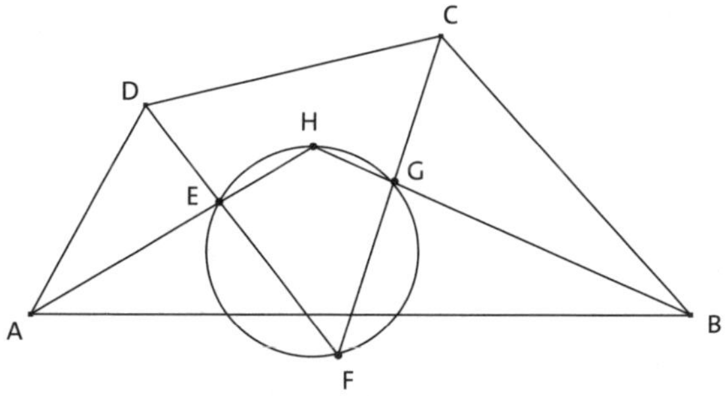

b) Gegeben sind ein beliebiges Viereck ABCD und die Winkelhalbierenden der Außenwinkel, die sich in U, V, W und X schneiden.

Zeige, dass UVWX ein Sehnenviereck ist.

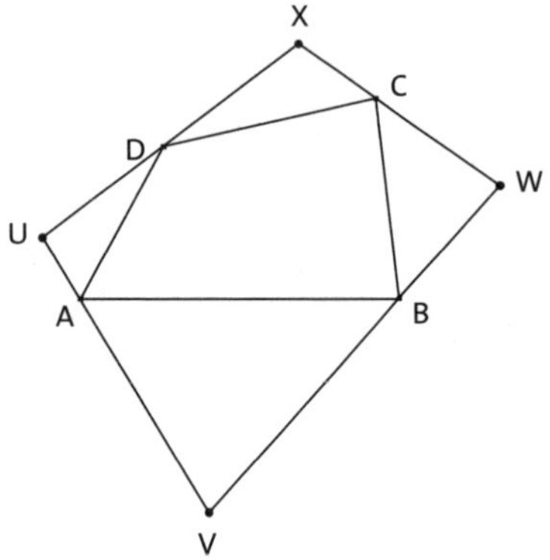

3.

Gegeben ist ein Sehnenviereck ABCD, dessen Winkelhalbierenden den Umkreis in U, V, W und X schneiden.

Zeige, dass UVWX ein Rechteck ist.

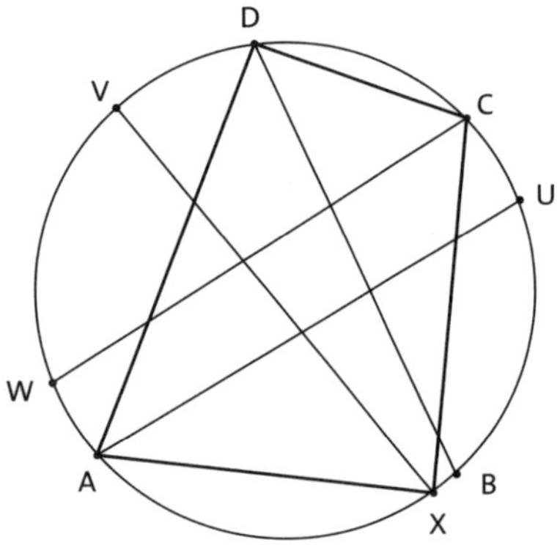

4.

Sei ABCD ein Sehnenviereck mit Umkreismittelpunkt M und den Seitenmitten E, F, G und H.

Zeige, dass die Lote von E, F, G und H auf die gegenüberliegenden Seiten durch einen Punkt gehen.

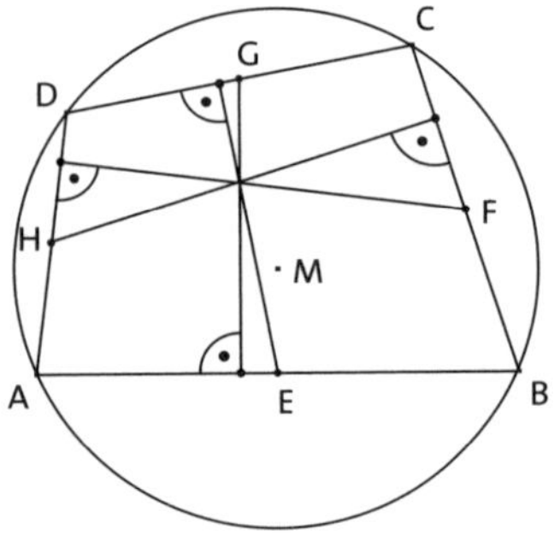

5.

Sei ABCD ein Viereck, bei dem sich die Diagonalen in S rechtwinklig schneiden. Die Fußpunkte der Lote von S auf die Vierecksseiten seien W, X, Y und Z.

Zeige, dass WXYZ ein Sehnenviereck ist.

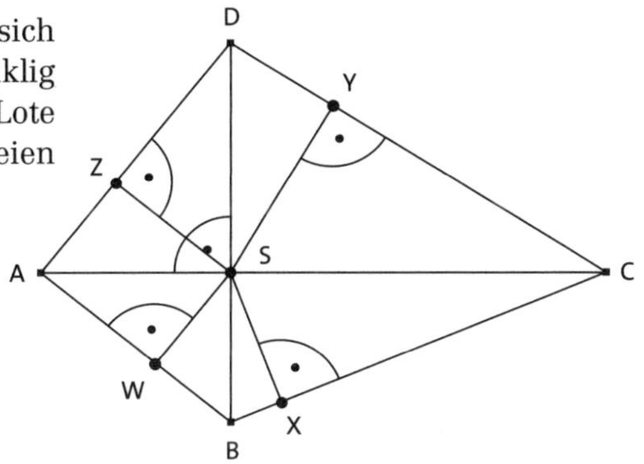

6.

Gegeben sei ein Dreieck ABC mit dem Inkreismittelpunkt I. Seien F und G die Fußpunkte der Lote von C auf die Winkelhalbierenden BE bzw. AD.

Zeige, dass FG parallel zu AB ist.

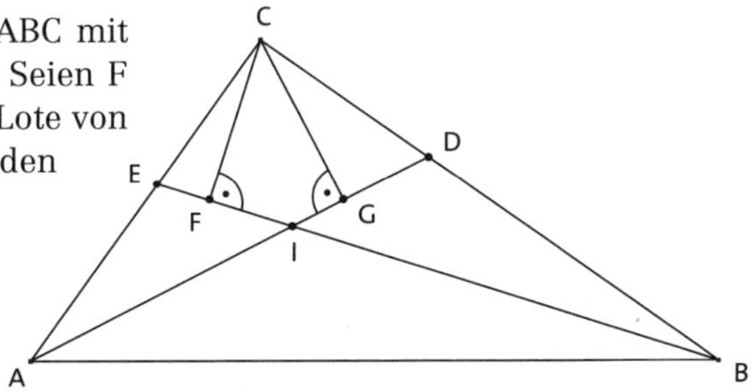

7.

Sei P ein Punkt auf dem Umkreis des Rechtecks ABCD. Seien W, X, Y und Z die Fußpunkte der Lote von P auf die (verlängerten) Rechtecksseiten.

Zeige, dass einer der Punkte W, X, Y oder Z Höhenschnittpunkt im Dreieck der anderen drei Punkte ist. (In der Abbildung ist W der Höhenschnittpunkt im Δ XYZ.)

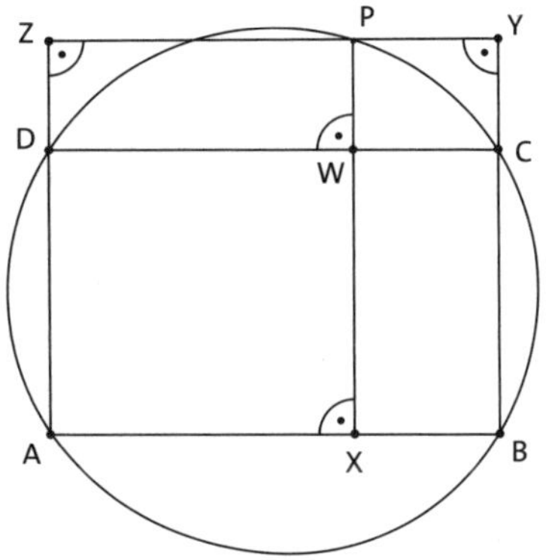

[Eins plus]

KOPIERVORLAGE

8.

Gegeben ist ein Kreis mit Sehne AB, den Tangenten in A und B sowie einem Kreispunkt C. Seien X, Y und Z die Fußpunkte der Lote von C auf die Tangenten bzw. auf AB.

Zeige, dass die Dreiecke CXZ und CZY ähnlich sind, d. h. es gilt: $CZ^2 = CX \cdot CY$.

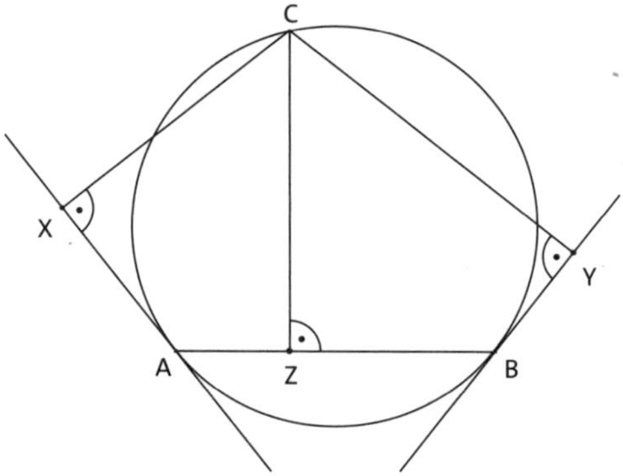

9.

Gegeben sei ein Δ ABC. Sei M die Mitte von BC und D der Lotfußpunkt der Höhe durch A. Seien E und F Fußpunkte der Lote von B bzw. C auf die Winkelhalbierende von A.

Zeige: MEDF ist ein Sehnenviereck.

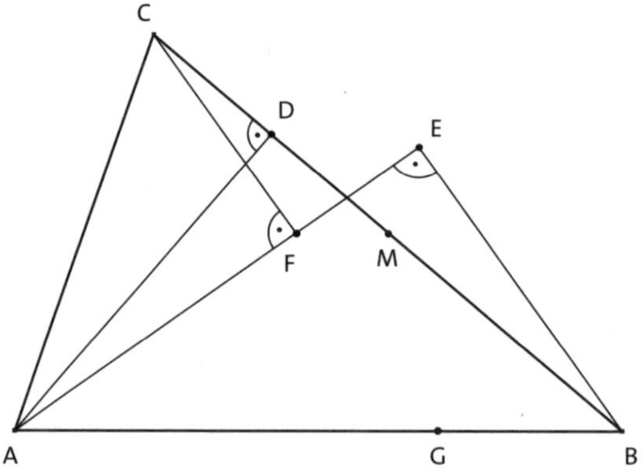

10.

Zeige: In einem Sehnenviereck ABCD stehen die Diagonalen genau dann senkrecht aufeinander, wenn sich die dem Mittelpunktswinkel gegenüberliegenden Seiten zu 180° ergänzen.

11.

Im Δ ABC mit dem Höhenschnittpunkt H werden Δ ABH, Δ BCH und Δ CAH durch P, Q bzw. R zu Parallelogrammen ergänzt.

Zeige, dass P, Q und R auf dem Umkreis von Δ ABC liegen.

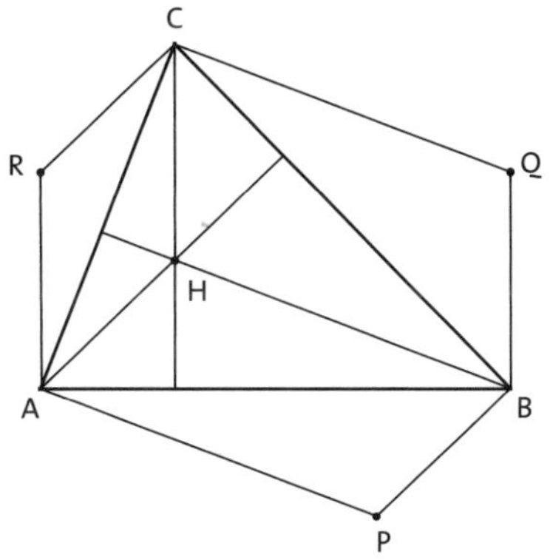

12.

Gegeben ist ein Sehnenviereck ABCD mit AD + BC = AB.

Zeige, dass sich die Winkelhalbierenden von ∢ C und ∢ D auf AB schneiden.

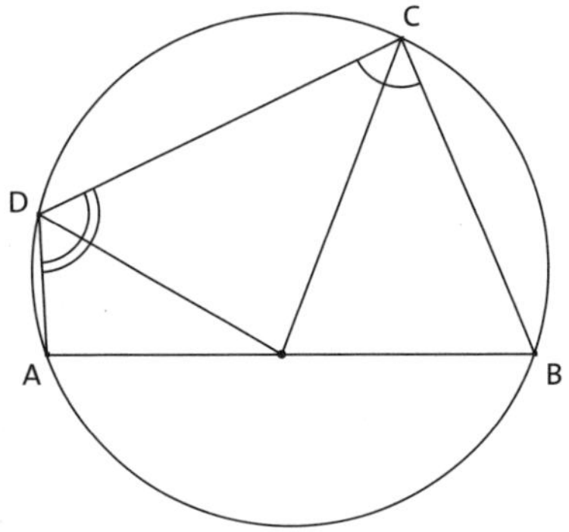

13.

Gegeben ist ein Quadrat ABCD und die Punkte P und Q auf BC bzw. CD so, dass ∢ PAQ = 45°.

Konstruiere nur mit dem Lineal das Lot von A auf PQ.

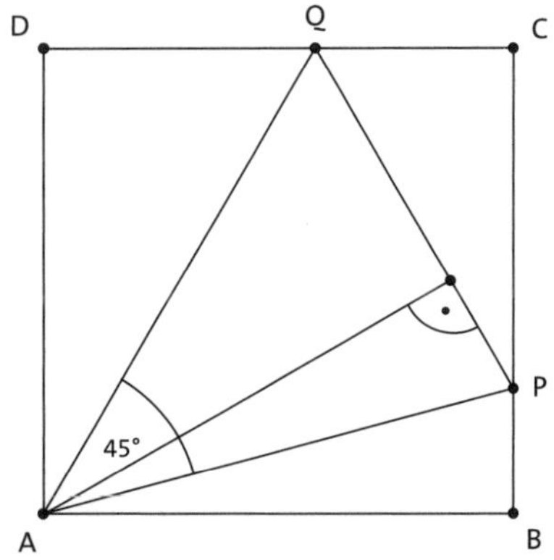

Lösungen

(Aufgaben Seite 94–99)

1.

a) Sei M der Schnittpunkt der beiden Umkreise durch A und B. Dann sind ADMF und BEMD Sehnenvierecke und es gilt: ∢ EMF = ∢ A + ∢ B = 180° − ∢ C. Also ist auch FMEC ein Sehnenviereck und hat einen Umkreis.

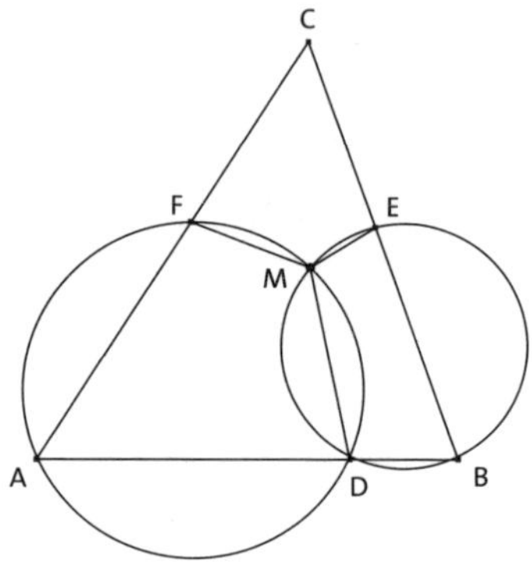

b) Es wird gezeigt, dass α = ∢ BAC = ∢ B'A'C' ist: Die Vierecke A'DB'M und A'MC'F sind Drachen, also halbieren die Diagonalen A'B' und A'C' die Winkel ∢ DA'M bzw. ∢ MA'F. Da ∢ DA'F = 2α ist, folgt ∢ B'A'C' = α. Entsprechend zeigt man ∢ C' = ∢ C und ∢ B' = ∢ B.

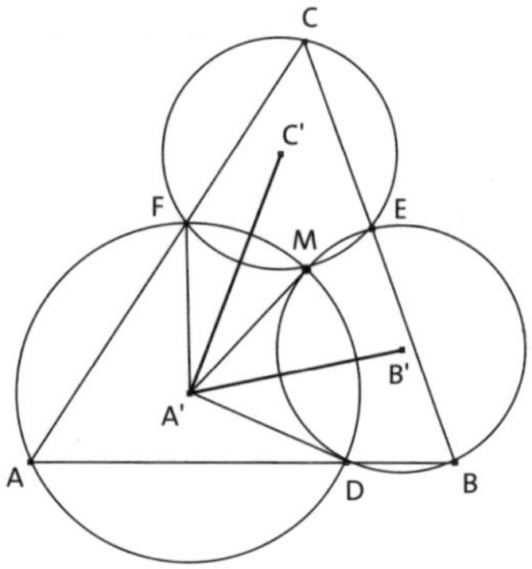

c) Für die Winkel α und β im Sehnenviereck CEMF gilt $\alpha + \beta = 180°$.

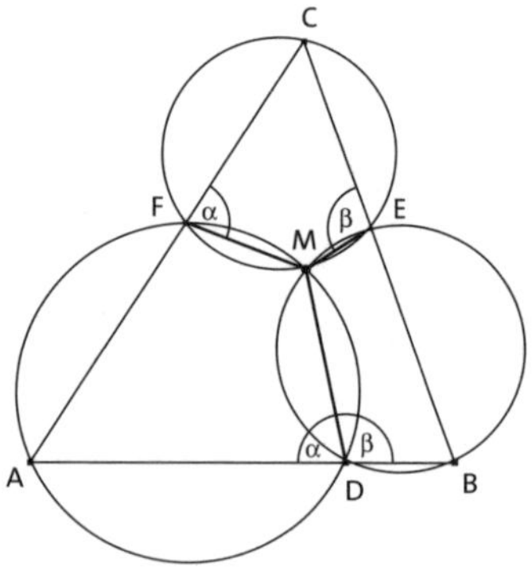

2.

a) Aus $\alpha + \beta + \gamma + \delta = 180°$ folgt: $\sphericalangle H + \sphericalangle F = (180° - \alpha - \beta) + (180° - \gamma - \delta) = 180°$. Wenn ABCD ein Parallelogramm (Rechteck) ist, dann ist EFGH ein Rechteck (Quadrat).

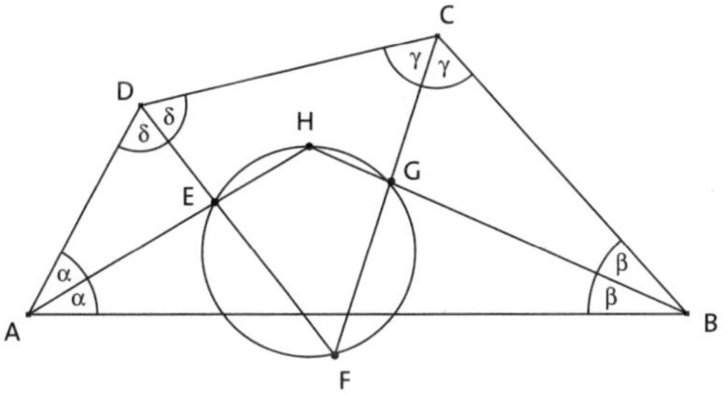

b) Es gilt $\sphericalangle VAB = 90° - \frac{\alpha}{2}$ und

$\sphericalangle ABV = 90° - \frac{\beta}{2}$.

Also $\sphericalangle V = \frac{1}{2}(\alpha + \beta)$ und entsprechend

$\sphericalangle X = \frac{1}{2}(\gamma + \delta)$.

Wegen $\alpha + \beta + \gamma + \delta = 360°$ folgt

$\sphericalangle V + \sphericalangle X = 180°$.

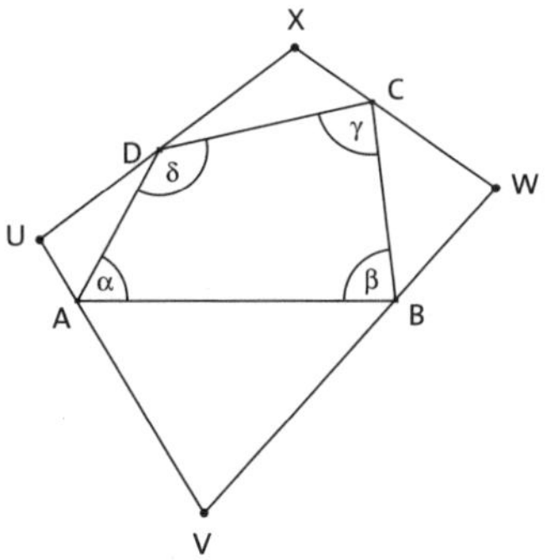

3.

Es reicht $\sphericalangle WVU = 90°$ zu zeigen. Der Winkel α bei A und γ bei C, für die $\alpha + \gamma = 90°$ gilt, sind Umfangswinkel bei V über den Sehnen BU bzw. BW.

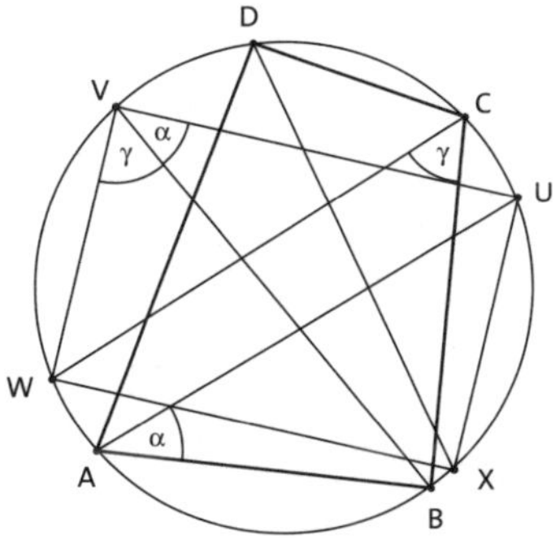

4.

Da das Mittenviereck EFGH ein Parallelogramm ist, halbieren sich seine Diagonalen (in S). Spiegelt man das Lot von G auf AB an S, so erhält man das Mittellot EM von AB. Da im Sehnenviereck alle Mittellote durch einen Punkt (M) gehen, gilt dies auch für die Lote. Den gemeinsamen Lotschnittpunkt erhält man durch Spiegelung von M an S.

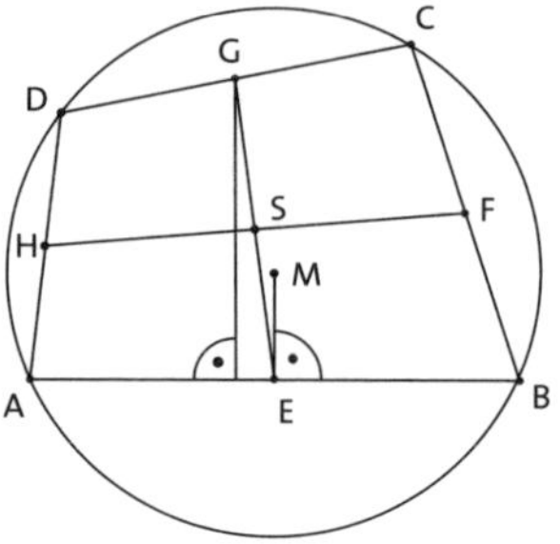

5.

Die Vierecke AWSZ, BXSW, CYSX und DZSY sind Sehnenvierecke, da sie gegenüberliegende 90°-Winkel haben. In den rechtwinkligen Dreiecken ASD und BCS gilt $\alpha + \delta = 90°$ bzw. $\beta + \gamma = 90°$. Also gilt:

$\sphericalangle W + \sphericalangle Y = \alpha + \beta + \gamma + \delta = 180°$.

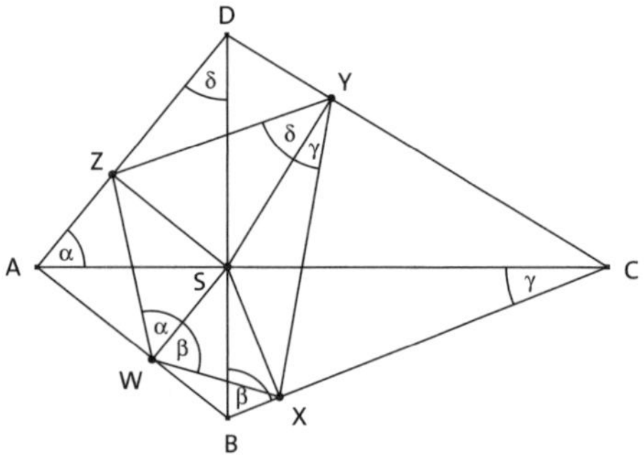

6.

Das Viereck CFIG ist ein Sehnenviereck, da bei G und F 90°-Winkel sind. Sei $\delta = \sphericalangle FGI = \sphericalangle FCI$. Dann gilt im rechtwinkligen Δ BCF: $\delta + \gamma + \beta = 90°$ und somit $\delta = 90° - \beta - \gamma = \alpha$.

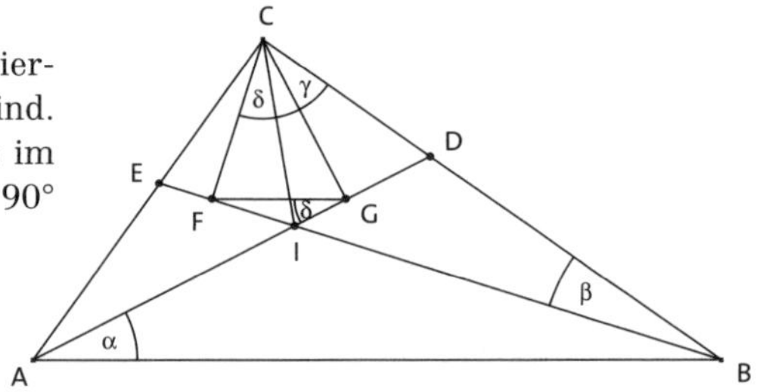

7.

Um zu zeigen, dass ZW senkrecht zu XY ist, wird bewiesen, dass $\alpha := \sphericalangle WZY$ und $\beta := \sphericalangle ZYX$ zusammen 90° ergeben. Da α und β auch Umfangswinkel über $\overset{\frown}{CP}$ und $\overset{\frown}{PA}$ sind, deren Mittelpunktswinkel zusammen 180° ergeben, gilt $\alpha + \beta = 90°$.

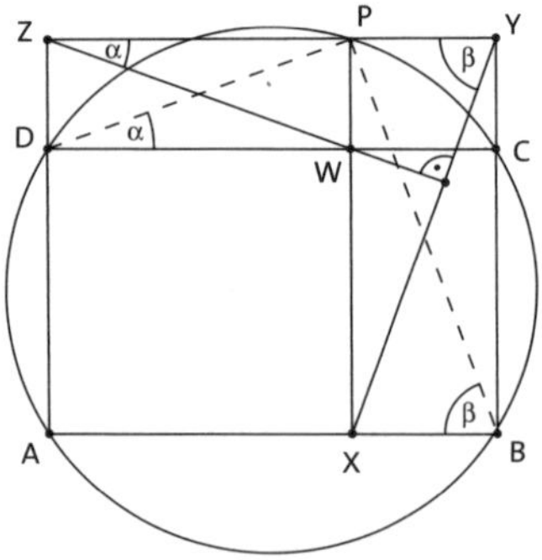

8.

Die Vierecke AZCX und BYCZ sind Sehnenvierecke. Daher sind die mit α, β, γ bzw. δ bezeichneten Winkel gleich. Der Winkel zwischen der Tangente in B und der Sehne BC ist gleich dem Umfangswinkel über BC, d. h. $\alpha = \gamma$; entsprechend ist der Tangentenwinkel β bei A gleich dem Umfangswinkel δ bei B. Also haben Δ CXZ und Δ CZY gleiche Winkel, d. h.
Es gilt: $|CZ| : |CX| = |CY| : |CZ|$.

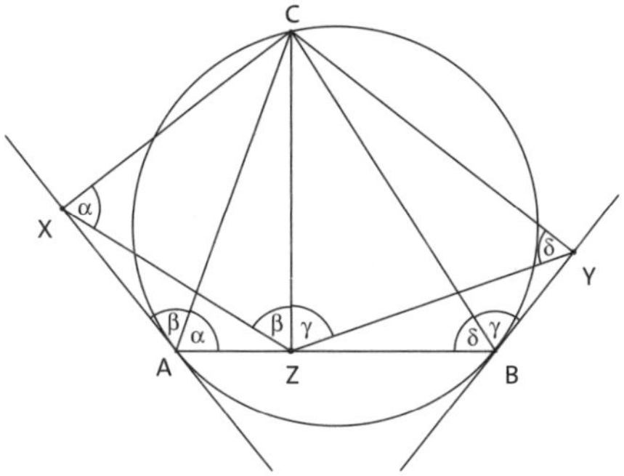

9.

Sei G der Schnittpunkt von CF mit AB. Dann ist F Mittelpunkt von CG und daher FM || AB, also ist:
$\sphericalangle$ BAF = $\sphericalangle$ MFE = α.
Da ABED ein Sehnenviereck ist, gilt $\sphericalangle$ BDE = α. Damit ist FMED ein Sehnenviereck, da $\sphericalangle$ BDE = $\sphericalangle$ MFE = α Umfangswinkel über der Sehne ME sind.

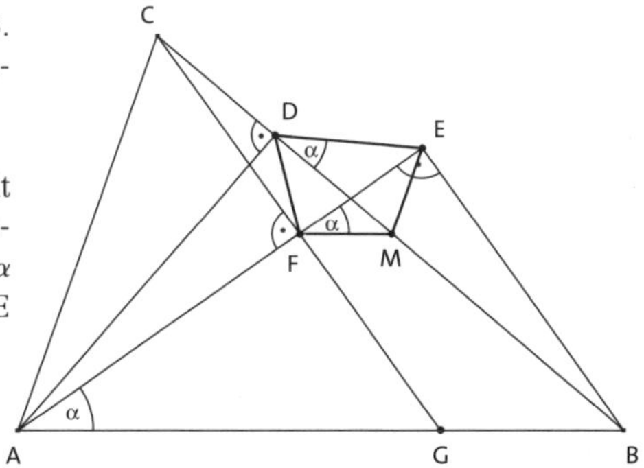

10.

Da BD $\perp$ AC, ist $\frac{\alpha}{2} + \frac{\beta}{2} = 90°$ und somit $\alpha + \beta = 180°$.

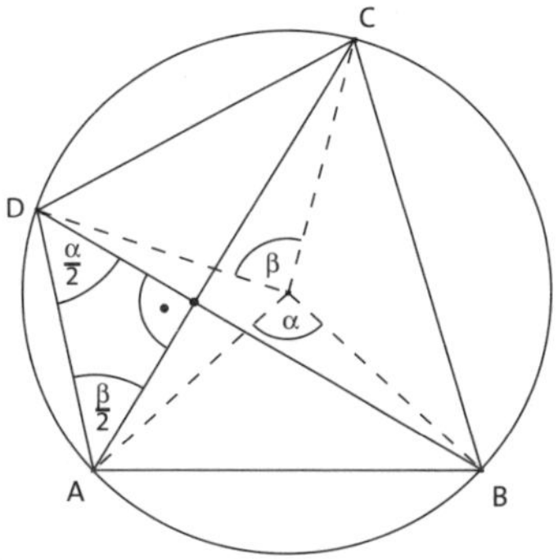

11.
BEHD ist ein Sehnenviereck, also $180° - \beta = ∢\,DHE = ∢\,CHA = ∢\,ARC$. Also ist ABCR ein Sehnenviereck, dessen Umkreis gleich dem von $\Delta\,ABC$ ist. Entsprechendes gilt für P und Q.

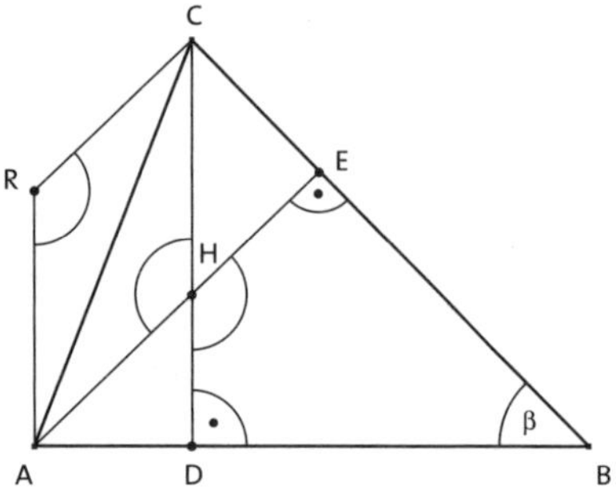

12.
Sei P auf AB so gewählt, dass AP = AD und BP = BC. Sei Q der Schnittpunkt des Umkreises von $\Delta\,CDP$ mit AB. Es wird gezeigt, dass CQ und DQ die Winkelhalbierenden von $∢\,C$ bzw. $∢\,D$ sind: Sei $\delta = ∢\,D$, dann ist $∢\,B = 180° - \delta$. Da $\Delta\,CPB$ gleichschenklig ist, sind die Basiswinkel $\frac{\delta}{2}$. Da $∢\,QDC = ∢\,QPC$ (Umfangswinkel über der Sehne QC), folgt $∢\,QDC = \frac{\delta}{2}$. Entsprechend ist QC die andere Winkelhalbierende.

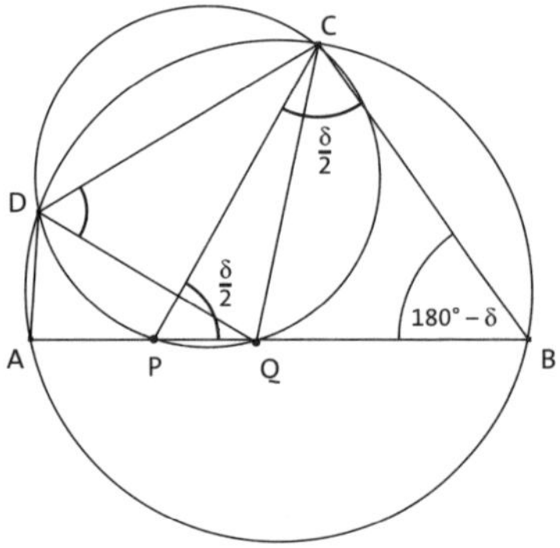

13.
Die Diagonale schneidet die Schenkel des 45°-Winkels bei A in R und S. Dann ist ARQD ein Sehnenviereck. Also ist $∢\,QRA = 90°$.
Entsprechend ist im Sehnenviereck ABPS der Winkel $∢\,ASP = 90°$. Also schneiden sich PS und QR im Höhenschnittpunkt H des $\Delta\,APQ$ und AH ist das gesuchte Lot.

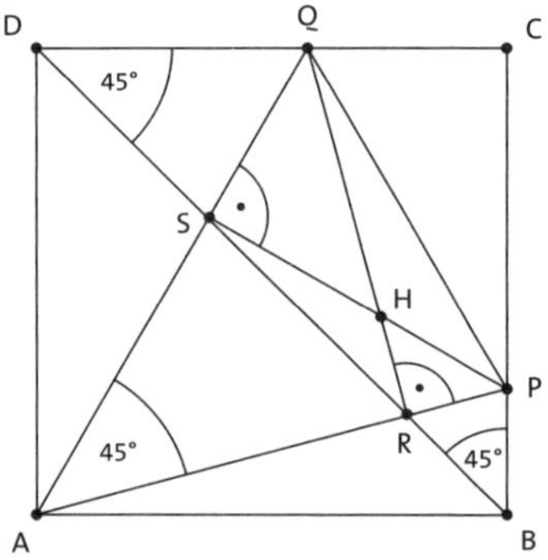